KB201521

하나가 그대로 모든 것이다

법장의 법계연기 사상

저자
요시즈 요시히데(吉津宜英)

역자
조배균

하나가 그대로 모든 것이다

법장의 법계연기 사상

씨아이알

─── | 일러두기 | ───

이 책은 吉津宜英, 『法蔵―「一即一切」という法界縁起』, (東京: 佼成出版社, 2010)를
완역한 것이다.

본문 [ ] 안의 내용은 원저 ( ) 안의 내용을 번역한 것이다.

원저의 '(『大正藏』 제0권 00頁上中下)'는 (T0, 00abc)로 표기했다.

머리말

지금의 일본불교는 전통불교와 근대불교학(이하불교학으로줄임)의 두 가지 흐름이 메이지 시대부터 대척적으로 교류하면서 공존한다. 전통불교란 중국에서 한반도의 여러 나라를 거쳐 전해 내려온 한역대장경(漢譯大藏經)을 기초로 한, 여러 종파로 이루어진 불교이다. 그에 비해서 불교학은 팔리·산스크리트·티베트 등 여러 언어에 의한 불교문헌 연구로, 19세기 중반 유럽에서 문헌학으로 성립한 것을 메이지 시대의 학승들이 가져왔다.

메이지 시대 이래 불교의 여러 종파와 교단은 전통불교의 흐름을 유지하지만 도쿄대학 등의 국립계열 대학에 더하여, 각 종(宗)이 설립하고 이후 대학으로 발전하는 학림(學林)에서는 전통불교와 불교학이 동거하는 상황이 되어 현재에 이른다.

이 책을 저술하는 때에도 이들 두 가지 흐름을 고려한다. 법장(法藏 643-712)은 중국 당나라 시대의 화엄교학자(華嚴敎學者)이다. 법장의 전기나 교학을 기술하는 것은 전통불교의 범위에서 가능하다. 다만 '연기(緣起)' 사상이 표제로 들어가면 불교학의 시점이 필요하게 된다. 또 연기라는 용어는 어떤 특정한, 예컨대 화엄학파에서는 일반적일지라도 모든 종파에서 당연한 말은 아니다. 중국불교에서 화엄과 나란히 일컬어지는 천태교학(天台敎學)에서는 연기와 유사한 것을 인연(因緣)이라고 한다. 이것은 천태(天台)가 중시하는 『법화경(法華經)』『중론(中論)』『대지도론(大智度論)』 등에서 구마라집(鳩摩羅什, 350-409년 무렵)이 '인연(因緣)'이라는 역어를 사용했기 때문이다.

그에 비해서 화엄의 전통에서는 보리유지(菩提流支 ?-527)가 역출한『십지경론(十地經論)』의 연구자들이 지론학파(地論學派)를 형성해 연기설을 성숙시키고 그것을 계승하여, '연기(緣起)'를 연호한다. 그 결과로서 '일즉일체(一卽一切) 일체즉일(一切卽一)'이라는 연기관도 성립했다.

이 연기관을 일반화할 수 없는 사정이 전통불교에도 존재한다는 것은 기술했지만, 불교학에서도 다시 생각하지 않으면 안 될 상황에 있다. 팔리어 삼장(三藏)이『남전대장경(南傳大藏經)』으로 역출[1935-1941년] 되면서부터, 연기설은 불교의 근본적인 가르침으로 인정되었다. 그것은 "이것이 있으면 저것이 있고, 이것이 생기면 저것이 생긴다. 이것이 없으면 저것이 없고, 이것이 멸하기에 저것이 멸한다."는 내용이 연기설의 기본이며, 또한 무명(無明)에 의한 생로병사(生老病死)의 윤회(輪廻)와 무명의 단진(斷盡)에 의한 윤회에서 해탈(解脫)의 성취를 나타내는 십이연기(十二緣起)의 가르침도 중요하다.

그러나 이렇게 설한 팔리어 성전(聖典)의 연기설과 화엄의 '일즉일체 일체즉일'의 연기 사상은 쉽게 연결되지 않는다. 이것은『반야경(般若經)』에서『화엄경(華嚴經)』으로의 대승경전(大乘經典)의 전개, 중국불교에 있어서 연기설의 성립을 설명한 뒤에 해명되는 과제이다.

불교학에 의해서 연기설이 석존의 가르침의 근본으로 위치 부여되고, 통불교적(通佛敎的)인 진리관으로 취급받는 현재 상황 속에서, 전통불교의 흐름에 속하는 화엄교학의 연기 사상이 어떻게 인식되는가 하는 점을 밝히는 바가 이 책의 주된 목표이다.

그런데 문제는 법장의 교학을 어떻게 파악할 것인가, 그의 위치를 부여하는 문제에도 있다. 두순(杜順, 557-640)과 지엄(智儼, 602-668)을 계승한 법장은 화엄학파의 제3조로 자리매김하게 되고, 화엄교학의 대성자(大成者)로도 일컬어진다. 그러나 나는 이 책에서 법장을 화엄교학의 대성자로 위치 부여하지 않는다. 오히려 많은 문제 제기자, 또다시 깜짝 놀라는 독자도 있을지 모르겠지만, 화엄교학 가운데의 '이단자(異端者)'로서 묘사하게 될 것이다. 다만 그가 동아시아 일대에 끼친 영향은 징관(澄觀, 738-839)이나 종밀(宗密, 780-841)보다도 크다. 왜 그렇게 되었는지에 대한 해명도 이 책의 과제 가운데 하나이다.

또한 『화엄경』의 가르침과 화엄교학에 차이가 있다는 점인데, 법장에 있어서는 특히 그 인상이 강하다. 그런 면도 독자로부터 주목받았으면 하는 바이다. 아무쪼록 법장의 연기 사상을 계기로 해서, 『화엄경』 세계의 역동적인 가르침을 접한다면 기대한 이상의 기쁨일 것이다.

_ 이 책의 목차 _____

제1장

『화엄경』의 가르침
- 大佛의 성립

1
석존의 기본 자세 – 中道와 自洲·法洲

불교의 원점은 석가모니불(釋迦牟尼佛), 석가족(釋迦族) 성자(聖者)의 깨달음 그 자체에 있다. 지금으로부터 약 2500년 전에 활동했던 석가족의 성자, 약칭이 아닌 정식 이름은 고타마 싯다르타(Gotama Siddhārtha)이다. 그의 전기(傳記) 그 자체, 그가 깨달음을 열고 80세에 시적(示寂)한 약 50년의 언행(言行) 내용이 경전으로서 전해진다. 여기서는 석존의 기본적인 자세에 대해서 말하고 싶다.

석존의 전기(傳記) 속에서는 다섯 비구에 대한 초전법륜(初轉法輪) 때의 중도(中道)의 자세와 팔리어 성전의 『대반열반경(大般涅槃經)』에 나오는 자주(自洲)와 법주(法洲)의 실천을 나는 소중하게 생각한다. 먼저 초전법륜 때에, 석존은 중도에 대해서 다음과 같이 말씀한다.

비구들이여, 이들 두 가지의 극단(極端)은 출가한 자가 가까이 가서는 안 되는 것이다. 두 가지란 무엇인가? 첫째는 모든 욕망의 대상에서 환락의 생활에 빠져서 하열하고 천하며 범속한 자가 하는 것으로, 성스러운 도(道)를 행하는 자가 하는 것이 아닌, 참된 목적에 부합되지 않는 것이다. 둘째로는 자신을 괴롭히는 일에 빠져서 괴로워하며, 성스러운 도를 행하는 자가 하는 것이 아닌, 참된 목적에 부합되지 않는 것이다. 비구들이여, 이들 두 가지의 극단에 가까이 가지 않고, 여래는 중도(中道)를 깨달았다. 이 중도는 진리를 보는 눈을 낳고, 진리를 아는 앎을 낳고, 마음의 고요함·

뛰어난 지혜·바른 깨달음, 열반으로 이끈다.

(팔리『율장(律藏)』「대품(大品)」『원시불전 제1권 — 붓다의 생애』 수록)

나는 이 한 단락에서 석존은 자신의 인생을 이야기하면서 중도를 설하고 있다고 본다. 환락(歡樂)의 생활이란, 출가 이전의 왕궁에서 이루어진 것이다. 그는 인생의 문제로 고민하다가 무엇이 진정한 진실인지를 찾아서 출가해 사문(沙門, samaṇa)이 되었다. 자신을 괴롭히는 일이란, 이 출가 후의 고행(苦行)이 아닐 수 없다. 그 환락과 고행의 두 가지 극단을 떠나 중도를 깨달았다. 석존의 인생은 왕성(王城)의 생활에서 출가하여 고행을 버리고 여래(如來, tathāgatā)의 길로 들어서 중도의 실천, 팔정도(八正道) 등 수행의 발걸음을 마지막까지 계속했다. 중도란 뒤의 자주와 법주의 관계로 말하면, 자기 중심이 아닌 것은 말할 것도 없지만 또한 자기를 버리고 가르침에 교조적으로 집착하는 것도 아니다. 극단적인 원리주의로 치닫지 않는 것이다.

다음으로 석존의 마지막 여정을 전하는 팔리어 경전인『대반열반경』에 주목하고자 한다. 마지막 안거(安居)의 한중간에 석존께서 병이 나서 아난(阿難, Ánanda)이 걱정하자, 석존이 말로 타이르시는 장면이다. 오랜 시간 시자였던 아난은 수행승 전체에 특별한 유언이 있을 것이라고 기대했다. 그러나 석존은 자신은 모두의 지도자인 것은 아니라고 분명히 말씀한다. 말해야 할 이법(理法)은 재가나 출가의 구별 없이 계속 말씀해 왔다고 하시는데, 석존에게는 전혀 지도자 의식이 없다. 자신도 한 사람의 비구이고, 수행자로서는 아난과도, 다른 수행자와도 전적으로 대등하다는 것이 자주와 법주의 가르침에서 나타난다. 거기도 인용해 보자.

그러므로 이 세상에서 자신을 섬으로 삼고, 자신을 의지하고, 타인을 의지하지 말고, 법을 섬으로 삼고, 법을 의지하고, 다른 것을 의지하지 말라.

이것이 곧 자주(自洲)와 법주(法洲)[주(洲)란 섬이라는 말]의 가르침이다. 달리 자등명(自燈明)과 법등명(法燈明)이라고도 하지만, 그것은 언어상의 문제이며 취지는 같다. 석존은 자주와 법주란 수행에 철저한 것으로서, 여기서는 신체(身體)[신(身)], 감각(感覺)[수(受)], 마음[심(心)], 그리고 모든 사물[제법(諸法)]에 대한 탐욕과 근심을 제거하는, 이른바 사념처(四念處)를 실천하는 것이다.

이렇게 불전 가운데서 초전법륜의 중도의 설시와 『대반열반경』 가운데의 자주와 법주의 가르침을 중요하게 생각한다. 그리고 자주와 법주, 곧 수행이야말로 중도이다. 자기중심도 아니고, 또한 가르침에 집착하는 것도 아닌, 두 극단을 떠난 중도가 설해진다. 내가 석존의 중도관(中道觀)을 서술한 이유는 부파불교의 입장에서는 법(法)을 최상으로 생각하고 그 가운데서도 자아를 떠난 무아(無我)의 가르침을 가장 중요하게 여길 때, 자주를 중시하는 중도는 실천하기 어려운 것이며, 또한 대승불교의 입장에서도 모든 중생을 구제하기 위해서 대불(大佛), 위대한 부처가 출현해 커다란 법주가 현전하는 가운데서 개인의 자주를 존중하고 중도를 실천하는 것이 얼마나 어려운지를 미리 말해두고 싶었기 때문이다. 그런데도 아무리 대불을 앞에 두더라도 자주와 법주의 두 가지 기반을 소중히 여기고 실천해 나갈 때, 불교에서는 개인의 자각이 깊어지고 사회에 참된 이익을 가져다준다고 생각한다.

2
석가 한 명의 부처와 대승불교의 부처들

부파불교가 석가(釋迦) 일불(一佛)을 존숭하는 사실은 현재의 상좌부불교(上座部佛教)[테라바다(theravāda) 불교]에서도 알 수 있다. 그에 비하여 대승불교에서는 많은 부처와 보살들이 경전에 나온다. 초기의 『반야경』에서는 석존(釋尊) 한 명의 부처가 사리불(舍利弗, Sāriputta)과 수보리(須菩提 Subhūti) 등 십대 제자를 상대로 설법하기 때문에 석존 한 부처라고 생각하지만, 그렇지는 않다. 그것은 『대지도론(大智度論)』 등의 주석서에서 알 수 있다. 법신불(法身佛)[법성신불(法性身佛)이라고도 한다. (T25, 121c) 참조]이 나온다. 실제의 석존은 부모생신(父母生身)으로 불린다. 부모에게 받은 육신은 추위, 더위, 굶주림, 목마름을 당하고 죄보를 감득하는 것에 비해서 법신(法身)은 시방으로 편만해 무량한 광명, 무량한 음성을 놓고, 방편을 구사해서 모든 중생을 제도한다.

이 두 종류의 불신(佛身)이 유가유식교학(瑜伽唯識教學)에서는 삼신(三身)이 된다. 법신(法身)과 응신(應身)과 화신(化身), 또는 법신(法身)과 보신(報身)과 응신(應身), 혹은 자성신(自性身), 수용신(受用身), 변화신(變化身) 등으로 불린다. 앞의 『대지도론』을 기준으로 생각하면, 법신이 두 가지로 분할된다. 진리 그 자체의 인격화로서의 법신과 끝없는 보살행을 쌓고 정토를 형성하여 모든 중생을 제도하는 부처로서의 보신 혹은 수용신이 독립한다. 부모생신(父母生身)은 화신이라든가 응신으로서 구체적으로 팔십 년의 생애를 다한 석존 그 사람을 나타낸다. 이러한 삼신은 지위의 높고 낮음으로 봐서는 안된다. 실제 석존의 존재가 기초가 되어서 다른 두 가지 몸이 출현한 셈이다.

　그밖에 대승불교의 불(佛)은 이들 삼신으로 말하면, 보신불이 다양한 호칭으로 나온다. 아미타불(阿彌陀佛), 약사불(藥師佛), 미륵불(彌勒佛) 등이다. 또 보살도 관음(觀音), 지장(地藏), 보현(普賢), 문수(文殊) 등 위대한 능력의 보살은 보신불이 중생에게 가까워질 수 있는 존재로서 응현한 것이다.

3
움직이지 않으면서 자재하게 움직이는 비로자나불

　그러면 『화엄경』의 부처는 어떤 존재인가? 그것을 설명하기 전에 먼저 『화엄경』 텍스트에 대해서 개설한다. 『화엄경(華嚴經)』[상세히는 『대방광불화엄경(大方廣佛華嚴經)』이라고 한다]의 한역(漢譯)은 크게 두 가지로 나뉜다. 첫째는 동진(東晉) 말기 420년에 불타발타라(佛馱跋陀羅 359-429)에 의해서 역출된 60권 『화엄경』이다. 이것에 지엄과 법장이 주석하여, 중국의 화엄교학은 이 경(經)에 의해서 성립한다. 다음으로 당나라 시대의 7세기 말엽(699년), 법장도 번역에 참여한 호탄(于闐)[현재의 중국 신장성 위구르 자치구의 도시]에서 온 실차난타(實叉難陀 652-710)에 의해서 80권 『화엄경』이 역출되었다. 법장도 만년에 이 경의 주석을 시작했는데 중도에 시적해서, 그것을 이어받은 제자 혜원(慧苑 생몰년 미상)이 완성시킨 것이 『속화엄경약소간정기(續華嚴經略疏刊定記)』이다. 한편 징관은 유일하게 80권 『화엄경』을 중심으로 주석해 『대방광불화엄경소(大方廣佛華嚴經疏)』를 저술하였고, 나아가 이 소(疏)의 주석서인 『대방광불화엄경수소연의초(大方廣佛華嚴經隨疎演義鈔)』를 찬술했다. 그것은 그렇고 『화엄경』의 한역에는 당나라 시대 8세기 말엽(798년)에 반야(般若)에 의해서 역출된 40권 『화엄경』이 존재하지만, 이것은 앞의 두 종류의 마지막 장인 「입법계품(入法界品)」만의 내용이다. 징관은 이 40권 『화엄경』에도 주석을 달았다.

산스크리트어 원전은 부분적으로만 남아 있다. 이 경의 중핵적인 가르침인 「십지품(十地品)」과 「입법계품」의 원전이 남아 있고, 그 현대어 역도 존재한다.[책 맨 끝의 참고문헌 참조] 또한 티베트어 역도 남아 있는데, 80권 『화엄경』과 흡사하다. 그 티베트어 역의 제목에서 원래의 『화엄경』 제목이 Buddha-avataṃsaka-nāma- mahā vaipulya-sutra [불(佛)의 화엄(華嚴)으로 불리는 대방광(大方廣)의 경전]으로 있었을 가능성을 시사한다. 이 화엄이란 갖가지 꽃으로 장엄하다는 의미로, 앞으로 설명하는 비로자나불(毘盧遮那佛)의 연화장장엄세계(蓮華藏莊嚴世界)라는 정토(淨土)이다. 덧붙여 이 책은 법장에 대해서 서술하는 것이므로, 특별히 예고하지 않는 한은 60권 『화엄경』에서 인용한다.

이 경의 부처, 비로자나불(毘盧遮那佛)[노사나불(盧舍那佛)이라고도 한다]은 바로 대불(大佛)이다. 도다이지(東大寺)의 대불을 연상해 주셨으면 한다. 그리고 근본적으로는 법신불이지만, 앞으로 설명하는 것처럼 자유자재하게 움직이며, 설법 교화를 하는 면은 보신불이라고 해도 좋다. 비로자나불이란 'Virocana-Buddha'가 원어이다. 이 Virocana란 광명변조(光明遍照), 곧 광명이 시방세계를 두루 비추어 다한다는 뜻이다. 확실히 『화엄경』을 보면 광명이 난무하고 있다.

일반적으로 대승경전(大乘經典)이 불설(佛說)인가, 불설이 아닌가 하는 논란이 있지만, 대승경전이 원시경전(原始經典)을 의식하고, 또한 불전(佛傳)을 배경으로 성립하고 있는 것은 분명하다. 불성(佛性)을 설하는 대승경전의 『열반경(涅槃經)』이 팔리(Pāli) 경전의 『대반열반경(大般涅槃經)』을 바탕으로 하고 있다는 사실은 유명하다. 이 『화엄경』도 불전을 배경으로 한다. 그것은 깨달음을 이루는 장면이다. 석존의 전기에서는 보리수 아래서 깨달은 후, 잠시 설법을 할지 망설이다가 마침내 바라나시(Vārāṇasī)로 가서 다섯 비구에게 설법했다. 앞서 본 중도의 설시이다. 이 『화엄경』의 편찬자는 그것을 의식해서, 먼저 부처를 보리수 아래서 한 발자국도 움직이지 않는 것으로 한다. 그러나 움직이는 것이다. 모순이 있는 이야기지만, 이 움직이지 않고 움직인다는 바에 『화엄경』 부처의 대불다움을 나타내려고 한다. 뒤에서 볼 말 없이 말하고, 또한 광명에 의한 설법도 마찬가지로 『화엄경』 부처의 위대함을 보이기 위한 것이다.

그와 같이 움직이지 않고 움직인다고 하지만, 비로자나불 설법의 도리에 대해서 60권 『화엄경』에서는 7처 8회라고 하고, 80권 『화엄경』에서는 7처 9회라고 한다. 전자는 부처가 일곱 군데로 움직이고, 같은 장소에서 두 번 법회(法會)[설법(說法)의 모임]를 열었다. 후자는 같은 장소를 세 번 법회에 이용하고 있다. 지금은 60권 『화엄경』의 7처 8회만을 한 번 훑어본다.

60권 『화엄경』의 7처 8회
① 적멸도량회(寂滅道場會) … (1) 세간정안품(世間淨眼品)과 (2) 노사나불품(盧舍那佛品)

② 보광법당회(普光法堂會) ··· (3) 여래명호품(如來名號品)에서 (8) 현수보살품(賢首菩薩品)까지

③ 도리천궁회(忉利天宮會) ··· (9) 불승수미정품(佛昇須彌頂品)부터 (14) 명법품(明法品)까지

④ 야마천궁회(夜摩天宮會) ··· (15) 불승야마천자재품(佛昇夜摩天自在品)에서 (18) 보살십무진장품(菩薩十無盡藏品)까지

⑤ 도솔천궁회(兜率天宮會) ··· (19) 여래승도솔천궁일체보전품(如來昇兜率天宮一切寶殿品)에서 (21) 금강당보살회향품(金剛幢菩薩廻向品)까지

⑥ 타화자재천궁회(他化自在天宮會) ··· (22) 십지품(十地品)에서 (32) 보왕여래성기품(寶王如來性起品)까지

⑦ 중회보광법당회(重會普光法堂會) ··· (33) 이세간품(離世間品)

⑧ 서다림회(逝多林會) ··· (34) 입법계품(入法界品)

하여간 보리수 아래인 적멸도량(寂滅道場)[80권 본에서는 아란야(阿蘭若) 법보리장(法菩提場)]을 움직이지 않고, 이토록 천계(天界)와 지상(地上)을 움직인다. 움직이지 않으면서 움직인다. 여기에 우선 비로자나불의 설법 방식의 특이성을 본다. 다음은 보리수 아래 적멸도량을 떠나지 않고 어떻게 움직이는지에 대한 경문을 살펴보자. 3회의 도리천궁회에서는 「불승수미정품 제9」에서

그때 세존은 위신력(威神力)으로, 이 자리를 일어나지 않고, 수미산(須彌山) 정상에 올라, 제석천(帝釋天) 궁전으로 향하였다. (T9, 441b)

라고 한다. 다음으로 제4회의 야마천궁회에서는 「불승야마천궁자재품 제15」에서 다음과 같이 묘사한다.

그때 세존은 위신력으로, 보리수 및 제석궁을 떠나지 않고, 야마천(夜摩天)의 보장엄전(寶莊嚴殿)으로 향했다. (T9, 473a)

다시 제5회의 도솔천궁에서는 「여래승도설촌궁일체보전품 제19」에 다음과 같이 나와 있다.

그때 여래는 자재한 위신력으로, 보리수 자리에서 수미산 정상의 묘승전(妙勝殿) 위의 야마천궁의 보장엄전을 떠나지 않고서, 도솔천궁의 일체보장엄전(一切寶莊嚴殿)으로 향하여 갔다. (T9, 478c)

이렇게 최초의 보리수 아래서는 물론, 차례차례로 넘어가는 장소도 떠나지 않고서 다음 장소로 이동한다. 움직이지 않고, 그런데도 이동한다. 이 부근의 부처 모습도, 뒤에서 보는 법장의 법계연기 가르침으로 관계되어 온다.

4
말하지 않으면서 설법하는 비로자나불

다음으로 말하지 않으면서도 말하는, 곧 입을 열어서 설법하지 않고, 어떻게 설법하는가 하는 비로자나불의 특이한 모습을 보게 된다. 그것은 광명 (光明)을 이용하는 것이다. 불교에서는 일반적으로 자신을 밝히고, 또 다른 것을 비추는 지혜의 비유로서 광명이 사용된다. 『화엄경』에서도 마찬가지다. 『화엄경』 편찬자는 비로자나불에서 나온 광명의 출처를 바꾸어, 각각의 법문 내용을 보여주려고 한 것으로 보인다. 지금은 60권 『화엄경』을 통해 부처 광명의 출처가 신체적으로 점점 올라가는 것을 보자.

① 그때 세존은 두 발의 상륜(相輪)에서 백억의 광명을 놓아서, 널리 삼천 대천세계를 비추었다. (「여래광명각품 제5」 『대정장』 제9권, 422b)

② 그때 세존은 두 발의 발가락에서 백천억의 묘색 광명을 놓아서, 널리 시방 모든 세계를 비추었다. (「보살운집묘승전상설게품 제10」 『대정장』 제9권, 442a)

③ 그때 세존은 두 발의 발가락에서 백천억의 묘색 광명을 놓아서, 널리 시방 모든 세계를 비추었다. (「야마천궁보살설게품 제16」 『대정장』 제9권, 463c)

④ 그때 세존은 양 무릎에서 백천억 나유타의 광명을 놓아서, 널리 시방 허공세계 등 모든 세계를 비추었다. (「도솔천궁보살운집찬불품 제20」 『대정장』 제9권, 485b)

⑤ 그때 석가모니불은 미간의 백호상에서 보살력의 광명을 놓아서, 백천 아승기의 빛으로써 권속을 삼아 널리 시방의 제불세계를 비추었다. (「십지품 제22」 『대정장』 제9권, 544a)

이상으로 움직이지 않으면서 7처 8회 및 7처 9회를 움직이고, 말하지 않으면서 광명으로 설법한다는 비로자나불 본연의 모습 한 부분을 보았다.

5
『반야경』의 계승과 비판

『반야경(般若經)』이 대승(大乘)[커다란 수레와 같은 뛰어난 가르침]을 제창해 '모든 것은 공(空)이다.'[특히 부파불교가 중시했던 법(法)도 공(空)이다]라고 잘라 말하면서 대승불교의 역사는 시작된다. 그 대승과 공이라는 개념은 대승불교 안에서 다양한 반응을 일으켜 대승불교는 다채로운 경전, 다양한 교학을 창출해 나간다.

예컨대 『법화경(法華經)』은 대승이라는 이데아(Idea)[관념(觀念)] 그 자체에 이의를 제기했다. 대승이라고 하면, 부파의 교학을 소승(小乘)이라고 하는 것이 된다. 보살은 부처가 될 수 있지만, 성문(聲聞)이나 연각(緣覺)의 이승(二乘)은 성불할 수 없다. 성불할 수 없는 것의 존재를 인정하고, 모든 중생이 성불할 수 있다고 말하는 불교를 대승이라고 말할 수 있느냐는 것이 『법화경』의 이의 제기이다. 그래서 『법화경』은 모든 방편을 다하고, 모든 중생을 부처의 깨달음에 오입(悟入)시키고자 일승(一乘), 일불승(一佛乘)을 주장하고, 성문이나 연각도 훌륭히 성불한다는 '일승작불(一乘作佛)'을 주장했다.

유식교학의 근거 경전인 『해심밀경(解深密經)』은 『반야경』의 공(空)에도, 『법화경』의 일승(一乘)에도 이의를 제기했다. 먼저 『반야경』의 공은 무자성(無自性)을 설하지만, 그것은 일체 제법의 실상을 밝히지 못한 미료의교(未了義敎), 현료(顯了)의 가르침은 아니라고 비판한다. 그리고 변계소집성(遍計所執性)[모든 것은 마음의 분별로 허망인 진실성], 의타기성(依他起性)[모든 것은 다른 조건에 의한다는 진실성], 원성실성(圓成實性)[부처의 지혜는 진실성 그 자체인 상태]의 삼성(三性)이야말로 현료의 가르침, 요의교(了義敎)라고 한다. 삼성에 대해서 삼무성(三無性)도 설하지만, 원칙적으로는 삼무성은 삼성의 보완적인 가르침일 뿐이라고 한다.

다음으로 『법화경』의 일승에 대해서도 『해심밀경』은 미료의(未了義) 가르침으로 취급하며, 결코 『법화경』이 설하듯이 진실료의(眞實了義)의 것으로는 인정하지 않는다. 『해심밀경』은 삼승(三乘)인 성문·연각·보살의 가르침이 공통의 진실성을 기반으로 하는 면을 일승(一乘), 곧 공통의 가르침이라고 일컫는다. 또 삼승을 왔다갔다하는 부정(不定)의 수행자를 보살에서 부처로 결정하게 하는 역할, 방편의 가르침이 일승의 역할이라고도 한다.

이에 대해서 유식교학이 아뢰야식(阿賴耶識)을 설하고, 육식(六識)보다도 깊은 마음의 존재를 인정하는 것은 불교가 브라만교 등의 아트만(ātman)[자아(自我)] 사상으로 회귀한 것이라는 비판이 『반야경』에 입각한 중관학파(中觀學派)에서 나온다. 그것은 『열반경(涅槃經)』의 불성설(佛性說), 『승만경(勝鬘經)』 등의 여래장설(如來藏說)에 대한 비판이기도 하다.

이처럼 『반야경』이 제창한 대승과 공(空)의 가르침은 대승불교의 바탕이 되었지만, 그 섬세한 해석이나 교의(敎義) 체계에 대해서, 대승불교 안에서는 상당한 이의 제기가 이루어지고 있었음은 의심할 여지가 없다. 예컨대 『화엄경』은 어떨까? 『화엄경』에는 『반야경』을 계승한 면과 비판한 점을 지적할 수 있다. 먼저 『반야경』의 수행 체계인 십지(十地)를 계승하여 보살 십지(菩薩十地)의 실천으로서 전개시킨 것을 지적할 수 있다. 『반야경』에서는 부파불교를 소승이라고 하면서도, 성문이나 연각의 이승과 보살의 삼승에 공통의 실천 기반으로서의 십지를 설했다. 그것에 대해서 『화엄경』은 보살만의 십지를 강조했다.

　『화엄경』은 『반야경』의 어떤 점을 비판한 것일까? 『화엄경』의 유심(唯心), 또는 보리심(菩提心)의 강조는 『반야경』의 공(空)에 대한 이의 제기라고 생각한다. 공은 육바라밀(六波羅蜜)의 실천에 의해 모든 중생을 성불로 이끄는 대승의 가르침으로서 충분하지만, 아무래도 수행의 목표 설정이라는 면에서는 교육적 견지가 부족하다. 그래서 『화엄경』은 십지(十地)라는 수행 체계를 보였다. 그 수행 체계를 지탱하는 것으로서 유심[중생·보살·부처에 공통되는 마음, 보리심]을 바탕에 놓았다. 결국 『반야경』의 일체개공(一切皆空)에 대해서 일체유심(一切唯心)이야말로 십지(十地)에서 불지(佛地)에 이르기까지의 수행을 뒷받침한다는 확신을 『화엄경』은 품고 있었던 것이다.

제2장

인도 대승불교의 중국적 전개
– 화엄학파의 형성

인도 대승불교의 학파로는 용수(龍樹)를 시조로 하는 중관학파(中觀學派)와 무착(無着)[무착(無著)]과 세친(世親) 형제를 파조(派祖)로 하는 유가유식학파(瑜伽唯識學派)가 큰 흐름으로서 존재한다. 또 이들과는 별도로 여래장사상(如來藏思想)이 있지만, 여래장학파(如來藏學派)가 존재했는지는 확실하지 않다. 여기서는 법장교학의 배경으로서, 중국불교에 있어서 이들 세 가지 교학의 흐름을 확인하고자 한다.

1
중국의 중관학파 – 삼론학파

중국에서 중관학파(中觀學派)의 사상은 용수와 그 제자 제바(提婆)에 의해서 저술되었다고 여겨지는 문헌이 구마라집에 의해서 번역되어, 그 기초가 구축되었다. 용수의 『중론(中論)』과 『십이문론(十二門論)』 그리고 『마하반야바라밀경(摩訶般若波羅蜜經)』[대품반야경(大品般若經)]의 주석서 『대지도론(大智度論)』, 제바의 『백론(百論)』이다. 이것들이 삼론(三論)[『대지도론』을 더해서 사론(四論)]의 전통을 형성하며, 특히 삼론학파(三論學派)는 동아시아 일원에 큰 역사적 전개를 이루었다. 일본에서도 남도(南都) 육종(六宗)의 한 종으로서 가장 일찍 학파 형성을 하고, 그것은 쇼토쿠 태자 시대[7세기 첫머리]로까지 거슬러 올라간다.

중국에서는 히라이 슌에이(平井俊榮) 박사가 분명히 밝혔듯이, 강남의 땅[현재의 남경(南京) 주변]에 양(梁) 나라 시대에서 진(陳) 나라 시대에 걸쳐서 삼론학파(三論學派)가 정착했다.(『중국반야사상사의 연구』) 특히 승전(僧詮, 생몰년 미상)의 문하, 법랑(法朗, 507-581)·혜용(慧勇, 515-583)·혜포(慧布, 518?-587)·지변(智辯, 생몰년 미상)은 사우(四友)라고 불렸다. 법랑 문하가 삼론학파의 대성자 길장(吉藏, 549-623)이다. 법장과의 관계에서는, 법장은 『십이문론종치의기(十二門論宗致義記)』 가운데서 "삼론(三論)의 현지(玄旨)는 파(波)로서 구양(九壤)으로 흐르고, 용수의 종(宗)이 전해지는 것은 실로 집공(什公)의 힘이다. 또 번역하는 것은 관하(關河)에 있다고 해도, 그러나 전해지는 것은 강표(江表)에 왕성한 것은 곧 흥황(興皇) 낭(朗)의 공(功)이다. [삼론(三論)의 흥미 깊은 가르침은 학파로서 중국 전역에 고루 미치고, 용수의 중요한 가르침이 널리 퍼졌던 것은 구마라집(鳩摩羅什)의 노력이다. 번역은 장안(長安)에서 이루어졌지만, 특히 양자강의 남쪽, 곧 강남(江南)의 도읍지인 건강(建康)[현재의 남경(南京)]을 중심으로 교학이 활발해진 것은 흥황사(興皇寺) 법랑(法朗)의 공적이다.]"(T42, 218c-9a)라고 하며 길장의 스승, 법랑을 현창한다.

2
중국의 유식학파 – 지론학파·섭론학파·현장학파

중국에서 유가유식교학(瑜伽唯識教學)의 흐름은 어떤가? 북위(北魏)에서 보리류지(菩提流支, ?-525)가 세친의 『십지경론(十地經論)』을 역출하고, 그것에 기초한 지론학파(地論學派)가 형성되어, 화엄학파(華嚴學派)의 기원이 되었다. 또한 남조(南朝)의 양(梁)·진(陳) 시대에 활약했던 진제(眞諦, 499-569)가 역출한 무착(無着)의 『섭대승론(攝大乘論)』과 세친(世親)의 『섭대승론석(攝大乘論釋)』에 기초하여, 그것들을 강남에서 장안으로 가져온 담천(曇遷 542-607)에 의해서 섭론학파(攝論學派)가 형성되어, 중국 유식학파의 두 번째 흐름을 형성했다. 지의(智顗 538-597)나 길장의 저작을 보면 '지론사(地論師)'라거나 '섭론사(攝論師)' 등의 호칭이 보이는 것은, 그것들은 자칭이 아니지만 당시 그렇게 타칭된 교학자의 존재를 증명한다. 또한 지론학파 안에서 많은 저작을 남긴 정영사(淨影寺) 혜원(慧遠 523-592)의 영향은 무시될 수 없다. 혜원의 여래장연기설(如來藏緣起說)을 비판해서, 지엄이 성기설(性起說)을 수립한 것은 이시이 코세이(石井公成) 박사가 논증한다. (『화엄사상의 연구』 제1부 제2장)

중국에 있어서 유식학파(唯識學派)의 세 번째 흐름이야말로 가장 크고 영향도 많다. 그것은 현장(玄奘 602-664)에 의한 대번역(大翻譯)의 성과였다. 그는 젊은 시절부터 지론이나 섭론(攝論)의 여러 스승에게서 배웠고, 특히 진제(眞諦)가 미완성인 채로 남겼던 『유가사지론(瑜伽師地論)』(100권) 완본(完本)을 가져올 것을 제일 중요한 목적으로 인도에 갔다. 그는 인도의 날란다(Nālandā) 승원에서 배우고, 계현(戒賢 529-645)에게 사사해 특히 호법(護法 530-561)의 유식학을 배웠다. 『유가사지론』의 번역은 가장 압권이지만, 그 이외에도 무착이나 세친의 기본적 교학 관계의 문헌을 총합적으로 가져왔고, 그것들은 동아시아불교의 역사를 바꾸었다. 또 『대반야바라밀다경(大般若波羅蜜多經)』[대반야경(大般若經) 600권]의 번역도 위대하다. 더욱이 유식 교학의 기초인 설일체유부(說一切有部)의 방대한 논서를 가져왔다. 그것들은 『아비달마대비바사론(阿毘達磨大毘婆沙論)』(200권), 『아비달마발지론(阿毘達磨發智論)』(20권), 『아비달마구사론(阿毘達磨俱舍論)』(30권) 등이었다.

이 현장의 대번역과 그것에 기초한 문하의 규기(窺基, 632-682) 등에 의해서 유식교학의 형성은 그때까지의 중국불교사를 새롭게 쓸 정도였고, 또한 동아시아로의 전개도 광대한 것이 되었다. 예컨대 화엄교학의 형성에 있어서, 우선 지엄은 『화엄오십요문답(華嚴五十要問答)』과 『화엄경내장문등잡공목장(華嚴經內章門等雜孔目章)』[공목장(孔目章)]에서 활발하게 현장의 교학을 다룬다. 지엄은 자신의 교학의 근간인 '동별이교(同別二敎)'의 내용을 충실하게 하기 위한 촉매의 역할을 현장의 교학에 맡겼다. 그것에 대해서 법장은 현장의 유식을 지나치게 의식하다 보니, 자신의 『화엄경탐현기(華嚴經探玄記)』나 『화엄오교장(華嚴五敎章)』의 교학을 일그러뜨린 것처럼 보인다.

그것은 그렇고, 이 '동별이교(同別二敎)'란, 지엄이 『법화경(法華經)』의 일승설(一乘說)을 받아들여 『화엄경』과 다른 교학과의 동(同)과 별(別)을 분별했던 교학이다. '별교일승(別敎一乘)'이란, 『화엄경』을 일승(一乘)으로 규정하여 그것이 다른 소승(小乘), 이승(二乘), 삼승(三乘)과 얼마나 특별히 다른 뛰어난 가르침인가를 설하는 것이다. '동교일승(同敎一乘)'이란, 『화엄경』이 다른 가르침을 향해 어떻게 동일화할 수 있는가를 보여주는 것이다. 지엄의 교학에서는 『화엄경』의 우월성을 설한 '별교일승'과 다른 교학에 대한 동일성을 설한 '동교일승'이 완전히 대등한 것으로서 자리매김하게 되고 있다. 그 결과로서, 법장이 『화엄경』과 다른 교학과의 차이만을 강조하는 것에 대해서 지엄에 있어서는 『화엄경』의 가르침과 다른 교학과의 유동성(類同性)과 관련성(關聯性)이 보이고, 이 '동별이교'는 전체로서 지엄의 교학을 다이내믹한 것으로 하는 역할을 하고 있다.

3
중국불교에서 여래장사상 – 『대승기신론』

인도불교에서 여래장사상(如來藏思想) 계열의 문헌이라면, 다카자키 지키도(高崎直道) 박사가 제창했던 여래장 삼부경, 『여래장경(如來藏經)』『부증불감경(不增不減經)』『승만경(勝鬘經)』이고, 논서로는『구경일승보성론(究竟一乘寶性論)』이 중심이다.(『여래장사상의 형성』) 이에 대해서 중국에서는 압도적으로『대승기신론(大乘起信論)』의 영향이 크다. 이 논서의 성립을 둘러싸고는 여러 논의가 행해지고 있다. 나는『대승기신론의 연구 – 대승기신론의 성립에 관한 자료론적 연구』에서『불성론(佛性論)·대승기신론(大乘起信論)』(新国訳大蔵経⑲論集部2) 사이의 카기와기 히로오(栢木弘雄)의 사반세기에 걸친『기신론(起信論)』연찬의 역사에 경의를 표하고, 박사의 인도 찬술설에 찬성하여, 정영사(淨影寺) 혜원(慧遠)의 의용(依用) 등의 사례에서 북위의 멸망(534년), 535년경에는 이 논이 장안이나 낙양에 유포되었다고 본다. 인도 출신의 승려가 찬술하고, 마명(馬鳴)에 가탁한 것일 것이다. 그렇다고 한다면, 진제가 548년에 양나라에 와서 550년에『기신론』을 역출했다는 설은 부정된다. 결국 그가 양(梁) 나라에 왔을 때는 이미 북위에서는『기신론』은 현존하고 있었을 것으로 생각되기 때문이다.

현존하는『기신론』의 주석서로는 담연(曇延, 5816-588)의 것이 가장 빠르다고 생각되지만, 정영사 혜원의 주석도 이것보다 조금 늦게 성립되었을 것이다. 이 둘 사이의 주석 양식이 전혀 다른 것도『기신론』의 수수께끼를 깊게 하는 원인이 되고 있다. 전자는 진제 역의『섭대승론』이나『섭대승론석』에 의한 주석이지만, 후자는『기신론』이『능가경(楞伽經)』에 의해 만들어진 논이라고 분명히 말한다. 전자가 전혀『능가경』을 언급하지 않기 때문에 양자의 주석은 크게 다른 것이 되고 있다.

지엄에게도『기신론』에 대한 두 종류의 주석이 있었다고 하지만 현존하지는 않는다. 훗날 원효(元曉, 617-686)의『기신론소(起信論疏)』와『대승기신론별기(大乘起信論別記)』는 또 다른 독특한 주석이다. 그는 이 두 저서에서『기신론』과 현장의 유식교학을 회통한다. 법장의『대승기신론의기(大乘起信論義記)』에서는 이 원효의 주석을 하나하나 인용하지만, 모든 경론을 회통하는 원효의 자세를 비판한다. 법장의『대승기신론의기』의 출현으로,『대승기신론』의 역사는 두 번째 단계를 맞이했다. 그 이후에는 법장의『대승기신론의기』를 중심으로 해서『기신론』연구가 전개되기 때문이다. 이상 법장으로 수렴된 시점에서 삼론, 지론, 섭론, 현장교학, 기신론의 다섯 가지 교학의 핵심만을 기술했다. 삼론은 별도로 하고, 지론과 섭론은 당나라 시대에는 융합되어 간다. 법장은 삼론에 대해서는 공유융회(空有融會), 법계연기 상즉사상(相卽思想)의 기초로서 의용하고, 지론과 섭론에 대해서도 예컨대『화엄경탐현기』등의 저작에서는 크게 의용했다고 해도 좋다. 다만 현장의 교학[규기(窺基)나 혜소(慧沼, 650-714)의 교학도 포함]에는 대승시교(大乘始敎) 혹은 삼승불교(三乘佛敎)에 지나지 않는다고 위치를 부여하는 과민한 대응을 했다. 또 뒤에서 언급하듯이 원효의 독특한 일심일승설(一心一乘說)에 대한 비판도 있다. 법장은 그때까지의 중국불교를 종합했다고 할 수도 있지만, 그 내실은『화엄경』을 최상으로 하는 교판을 세우기 위해서 다른 교학에 대해서 억지스럽고 의도적인 억압을 가한다. 그러나 그 억압은 법장

교화에 거꾸로 반작용을 일으켜, 그의 해석을 일그러진 것으로 만드는 결과를 낳는다.

4
화엄교학의 형성 – 지론학파·섭론학파에서 독립

중국 화엄학의 제1조는, 후대에는 두순(杜順)이라고 한다. 지엄의 스승이었지만 지엄의 전기에 의하면 두순은 신령스러운 힘이 뛰어난 사람인 것 이외에는 잘 알 수가 없다. 화엄학파의 성립 기반으로는 가마타 시게오(鎌田茂雄) 박사가 제창했듯이 『화엄경』을 독송하면서 설법을 듣거나, 식사를 함께 하는 '화엄재회'(華嚴齋會)가 남북조 특히 북조(北朝) 주변에서 성행했던 일이 중요하다.(『중국화엄사상사의 연구』)

화엄학파의 자립 과정을 우리는 지엄의 전기 가운데서 볼 수 있다. 법장이 편집한 『화엄경전기(華嚴經傳記)』 3권(T51, 163b 이하)에는 지엄의 전기가 있다. 그것에 의하면 그는 열두 살에 두순에게 간다. 두순은 지엄을 선배인 달(達) 법사에게 맡겼다. 지엄의 스승들에 대해서 검토한 기무라 키요타카(木村清孝) 박사에 의하면, 이 달(達) 법사는 『속고승전(續高僧傳)』 25권(T50, 655b)에 전기가 있는 통달(通達, 생몰년 미상)일 가능성을 시사한다.(『초기중국화엄사상사의 연구』) 수(隋)에서 당(唐)으로 시대는 변하고, 지엄은 법상(法常, 567-645)에게 가서 『섭대승론』을 배웠다. 현장도 이 사람에게 배운다. 『속고승전』 15권(T50, 540c)의 전기로 판단하면, 법상은 섭론학파의 사람이다.

다음으로 지엄은 변(辨) 법사에게 배웠다고 되어 있지만, 기무라 박사는 이 변(辨) 법사에 대해서『화엄경전기』지엄전(智儼傳) 바로 앞의 영변(靈辨 586-663)과『속고승전』법상전(法常傳) 바로 앞의 승변(僧辨 생몰년 미상) 양쪽의 가능성을 검토한다. 일본의 교넨(凝然 1240-1321)은 승변을 상정하는 듯하지만, 나는 영변 쪽이 타당한 것이 아닌가 생각한다. 영변전(靈辨傳)을 보면 담천(曇遷)에게서 배우고, 후에 지엄도『화엄경』을 배운 지정(智正 559-639) 밑에서 같이『화엄경』을 연찬했다고 한다. 영변이 강의하는 경론의 내용이 바로 지론·섭론학파의 사람에게 상응한다. 다음으로 임(琳) 법사에게 간다. 기무라 박사는『속고승전』20권(T50, 590a)의 정림(靜琳 565-640)을 상정한다.

이처럼 지엄은 특히 지론·섭론학 계열의 학승 밑에서 연찬하면서 지정 (智正)과 만난다. 지정은『속고승전』14권(T50, 536b)에 의하면 종남산(終南山) 지상사(至相寺)에 머물며『화엄(華嚴)』『섭론(攝論)』『능가(楞伽)』『승만(勝鬘)』 『유식(唯識)』등을 강의했으며,『화엄소(華嚴疏)』(10권)의 저작도 있었다고 한다. 지정은 지론종 남도파 혜광(慧光 468-537), 도빙(道憑 488-559), 영유(靈裕 518-605) 그리고 정연(靜淵 544-611)에 이르는 쟁쟁한 교학자의 전통을 계승하고 있다. 지엄은 지정으로부터『화엄경』의 강설을 듣고 대단히 연찬을 깊게 했지만 아무래도 탐탁지 않았다. 스스로 대장경의 세계나 선학의 화엄 교학을 참조해 남도파(南道派)의 파조(派祖)인 혜광(慧光)의『화엄경』주석을 만나 '별교무진(別教無盡)의 연기(緣起)'에 눈을 떴다. 곧『화엄경』가르침의 안목이 '별교일승'(別教一乘)이며, 그것은 중중무진(重重無盡)의 법계연기(法界緣起)인 사실의 확신을 얻은 것이다. 혜광은 점교(漸教), 돈교(頓教), 원교(圓教)의 삼교판(三教判)을 세웠다고 하지만, 지엄도『화엄경수현기(華嚴經搜玄

記』(T35, 13c)에서 삼교판을 세웠다. 지엄은 지정의 훈도(薰陶)를 받았지만 파조 혜광으로 거슬러 올라가 점(漸)·돈(頓)·원(圓)의 삼교판으로 깨달음을 열었다.

또 지엄의 전기에서는 불가사의한 승려의 방문을 받았다고 하며, 그 승려는 "당신이 일승(一乘)의 뜻을 이해하려면, 십지경(十地經)에서 설하는 육상설(六相說)을 소홀히 해서는 안된다."라고 했다고 한다. 육상(六相)이란 『화엄경』에서는 「십지품(十地品)」의 초지(初地)(T9, 545b)에 나와 있고, 또한 세친의 『십지경론(十地經論)』(T26, 125a)에서 상세히 설명하여 보인 여섯 가지 관법(觀法)이다. 첫째의 총상(總相)이란 사물을 전체로서 보는 것이고, 둘째의 별상(別相)이란 각 부분을 보는 것이고, 셋째의 동상(同相)이란 사물의 공통성을 보는 것이고, 넷째의 이상(異相)이란 사물의 차이성을 보는 것이고, 다섯째의 성상(成相)이란 사물의 형성 과정을 보는 것이고, 여섯째의 괴상(壞相)이란 사물을 분해해서 보는 것이다. 육상은 총(總)과 별(別), 동(同)과 이(異), 성(成)과 괴(壞)로서 세 쌍의 같은 종류의 인식이라고도 볼 수 있지만, 세 쌍의 미묘한 보는 방법의 차이가 사물을 깊이 관찰하게 만든다.

그리고 지엄은 충실하게 한 달 이상 『십지경』과 『화엄경』, 그리고 세친의 『십지경론』, 또 선학의 연구 성과도 검토해서 정말 진심으로 『화엄경』에 눈을 떴다. 그리고 『화엄경수현기(華嚴經搜玄記)』를 쓴 것은 스물일곱 살이라고 한다. 중국의 화엄교학은 이 저작을 통해서 자립했다고 해도 좋다. 화엄의 별교무진(別敎無盡)의 연기 사상을 확립했다.

여기서 기무라 키요타카 박사의 저서 『초기중국화엄사상의 연구』에 따라서 지엄의 저작에 대해서 기술한다. 기무라 박사는 아래 7종의 저작을 진찬(眞撰)으로 인정하고, 성립 연대도 추정하고 있으므로 참조하자.

①『대방광불화엄경수현분제통지방궤(大方廣佛華嚴經搜玄分齊通智方軌)』
5권[『화엄경수현기(華嚴經搜玄記)』(T35 수록)] 627년, 27세

②『무성석섭론소(無性釋攝論疏)』4권[단간(斷簡)만 존재] 650년경, 49세경

③『화엄오십요문답(華嚴五十要問答)』2권[『오십요문답(五十要問答)』(T45
수록)] 660년경, 59세경

④『화엄경내장문등잡공목(華嚴經內章門等雜孔目)장』4권[『공목장(孔目
章)』(T45 수록)] 663년경, 62세경

⑤『금강반야경약소(金剛般若經略疏)』2권[(T33 수록)] 663년 이후, 62세 이후

⑥『공양십문의식(供養十門儀式)』1권[법장의『화엄경전기(華嚴經傳記)』
의 기술에서] 찬술 연대 불명

⑦『화엄일승십현문(華嚴一乘十玄門)』1권[(T45 수록)] 찬술 연대 불명

이들 가운데서 ②, ③, ④, ⑤에는 현장 역의 경론(經論) 인용이 있으므로,
찬술 연대는 그것에 맞추어 추정할 수 있다. ⑥은 실존하지 않지만, 법장의
언급은 신뢰해도 좋다. 문제는 ⑦로, 기무라 박사는 진찬으로서 논술하지
만 나는 법장 이후의 성립이라고 본다. 지엄교학의 구조는 ①에 의해서 확
립되었다. 645년, 지엄이 43세 때에 현장이 귀국하고 본격적인 유식사상에
새로이 접하여 그것을 비판적으로 흡수해 한결 충실한 화엄교학을 전개했
다. 현존하는 ③에서 ④로의 교학의 심화는 확실하다. 지엄은 현장유식(玄
奘唯識)을 계기로 삼아서 교학을 비약시켰다고 할 수 있다.

이 지엄 아래서 신라의 의상(義相 625-702)은 18년간이나 연찬을 쌓았고, 그 성과를 지엄이 세상에 살아 있는 동안에 중국 땅에서『화엄일승법계도(華嚴一乘法界圖)』로 찬술했다. 이 책을 보면, 오히려 지엄의 현존 저작에서는 엿볼 수 없을 정도로 육상(六相)의 입장이 근본을 이루고 있다. 이처럼 지엄과 의상이라는 스승과 제자의 관계에서, 화엄교학은 지론·섭론학파에서 커다란 교학적 자산을 계승하면서 완전히 자립했다. 그 자립을 법장이 계승하였음은 의심이 없지만 그는 스승 지엄과도, 동문 선배 의상과도 다른 교학을 형성했다.

제3장

법장의 교학 형성

1
법장의 전기 – 유일한 스승 지엄과 만남

법장의 선조는 사마르칸트(Samarkand, 현재의 우즈베키스탄에 있는 도시) 근처에 살며 대대로 그 지방의 유력한 정치가 임무를 맡았고, 법장의 할아버지는 중국에 파견되어 왔다. 법장의 출가 전 이름인 강(康)은 사마르칸트 출신임을 반영한다. 아버지 강밀(康謐)은 당(唐) 고종(高宗) 아래서 좌위중랑장(左衛中郎將, 왕성을 지키는 장군직)을 맡고 있었다.

법장은 643년 1월에 태어났다. 그가 16세 때, 아소카왕의 사리탑 앞에서 손가락 하나를 태워서 공양했다. 이 사리탑이 있었던 사원에 대해서, 후에 법장은 704년 10월에 측천무후(則天武后)의 명령으로 사리를 궁중으로 봉영(奉迎)하는 역할을 지시받지만, 그 봉납처 사원은 법문사(法門寺, 현재의 협서성 부풍현)라고 가마타 시게오 박사는 증명하고 있다.(「현수 법장전과 법문사」)

659년, 법장은 17세 때에 법(法)을 구하러 태백산(太白山)[장안(長安)의 남쪽, 종남산(終南山)에 있는 태일산(太一山)의 다른 이름]에 들어갔지만, 부모가 아프다는 말을 듣고 귀향했다. 이 부근에서 법장의 불교에 대한 발심의 자세가 보인다. 이 무렵 지엄은 운화사(雲華寺)에서 『화엄경』을 강의하고 있었다. 지엄의 전기에서는 659년부터 『화엄경』의 강설을 운화사에서 시작하였으므로 법장은 지엄의 강설 초기 단계부터 청강했던 것이 된다. 지엄은 거기서 평생의 근거지, 종남산(終南山) 지상사(至相寺)로 옮겨가서 강설을 계속했을 테지만, 언제 옮겨갔는지는 불분명하다.

이전에 지엄의 전기에서 보았듯이 지엄은 두순에서 시작하여 많은 지론(地論)·섭론(攝論) 학파 계열의 학승에게 가서 배웠다. 그것과 비교하면 법장은 오직 한 사람 지엄에게서만 배운 것이 된다. 의상도 마찬가지이다. 다만 의상이 지엄의 교학을 계승한 사람으로 여겨지는 것에 비해서, 법장은 지엄의 교학을 정확히 계승하지는 않았다. 오히려 법장교학은 지엄으로부터 전개되었다고 해야 할지, 변모되었다고 해야 할지, 더 엄격하게 말하면 단절된 면조차도 인정할 수 있다. 법장에 있어서 오직 한 명의 스승인 지엄은 다음에서 언급하듯이 "법장이야말로 나의 가르침을 솟구쳐 오르게 한다."라는 기대를 담은 말을 남기지만, 그 기대와 실제 법장교학의 단절에서 스승과 제자 사이로 말미암은 어려운 인간관계를 본다.

이미 661년에 당나라에 들어와 있던 신라의 의상은 법장보다도 빨리 지엄의 제자가 되었을 것이다. 의상은 지엄이 시적한 668년부터 3년간이나 지상사에 남는다. 결과적으로 법장이 670년 28세에 득도(得度)하는 것을 지켜보고 귀국한다. 이런 일이 법장의 의상에 대한 깊은 존경의 마음으로 연결된다. 법장은 후에 『화엄오교장』을 찬술할 때에 의상의 『화엄일승법계도』를 전면적으로 참조한다. 또 법장이 58세 무렵, 시적 이년 전에 동문 선배 의상에게 간절한 편지와 함께 자신의 많은 저작을 보내 "비정(批正)을 받고 싶다."는 취지의 말을 하는 것에서도 의상에 대한 경외의 마음이 느껴진다.

그건 그렇고 법장의 득도(得度)에 관한 일이지만, 이는 지엄의 정중한 위촉에 의한다. 지엄은 시적 전에 제자인 도성(道成)과 박진(薄塵) 두 사람에게 법장의 득도에 대해서 다음과 같이 간청했다고 한다. "나의 교학을 솟구쳐 오르게 한 것은 이 법장이다. 그러니 좋은 기회를 찾아서, 꼭 여러분들이 법장의 수계(受戒), 득도(得度)를 완수해 주기 바란다."라고. 그리고 시절은 도

래했다. 측천무후(則天武后)의 모친인 영국(榮國) 부인이 사망하고, 그녀의 저택 터에 태원사(太原寺)가 건립되었다. 그곳에서 법장의 화려한 득도식이 거행되었다. 법장은 그대로 그 태원사에 머물게 된다. 그의 43세 무렵의 저술로 생각되는 최초기의 저작 『십이문론종치의기(十二門論宗致義記)』(T42 수록)에 "경서대원사사문석법장술(京西大原寺沙門釋法藏述)"이라고 되어 있지만, 이 장안(長安)의 '대원사(大原寺)'는 '태원사(太原寺)'일 것이기 때문에 그는 15년 이상이나 태원사를 근거지로 해서 연찬하며, 이후 저술의 기초를 쌓은 것이 된다.

2
법장의 전기를 읽고 풀이하는 세 가지 요소

전기(傳記)에서는 법장은 『화엄경』을 서른 번 이상이나 강설했다고 한다. 그의 전기를 헤아린 결과로 세 가지의 사실을 고려하지 않으면 안 된다고 생각한다. 우선 첫째로는 그가 활약했던 시대가 측천무후의 시대였고, 또한 선종(禪宗)이 성행하려 했던 시기였던 것을 시야에 넣을 필요가 있다는 것이다. 둘째는 그가 많은 삼장 법사(三藏法師)의 경론 번역에 관여했다는 것이다. 셋째로는 이것은 후대 전기의 과장도 있지만, 그의 남다른 능력, 영능자적(靈能者的)인 사적(事跡)에 대해서이다.

먼저 첫째의 측천무후의 시대였고, 선종이 성행한 시대에 살았던 것이 법장의 인생에 어떤 결과를 가져온 것일까? 측천무후의 파란만장한 인생,

그리고 불교에 대한 정열적인 자세는 자주 지적되고 있다. 기괴한 승려 설회의(薛懷義, ?-695)를 측근으로 두고, 『대운경(大雲經)』을 위조하여 만들어 거기에 여자 황제 출현의 필연성을 암시하고, 마침내 당(唐) 왕조를 찬탈하여 15년 무주(武周) 왕조로의 길을 열었다. 『대운경』에 의하여 각 주(州)에 같은 이름의 대운사(大雲寺)를 건립하고, 이 경전을 독송하게 하여 자신 왕조의 평안함과 무사함을 기원하게 했다. 일본의 쇼무 천황(聖武天皇, 701-756)이 발원했던 국분사(國分寺), 국분니사(國分尼寺)의 제도는 이 대운사 제도의 모방이라고 한다. 이러한 무주(武周) 왕조시대에 선종은 마침 5조 홍인(弘忍, 601-674) 문하가 장안이나 낙양 주변에서 활약을 시작했다. 혜능(慧能, 638-713), 혜안(慧安, 582-709), 신수(神秀, ?-706), 그 제자 보적(普寂, 651-739) 등이 마침 법장과 서로 전후하여 활약한다. 특히 혜안, 신수, 보적은 측천무후의 비호를 받았다. 법장은 현존하는 저작에서 한 번도 선종을 언급하지 않는다. 지엄이 『공목장』 가운데서 보리달마의 '벽관(壁觀)'을 언급하고(T45, 559b), 도선(道宣, 596-667)이 『속고승전』 가운데서 보리달마의 선(禪)을 현창하며, "대승(大乘)의 벽관(壁觀)이 공업(功業)이 가장 높고"(T50, 596c)라고 상찬하는 것을 모를 리 없는 법장이 선종을 언급하지 않는 이유는 무엇일까?

　법장이 선종을 인식하고 있다는 사실을 이시이 코세이 박사는 논증했다. (「측천무후 '대승입능가경서'와 법장 『입능가심현의』 - 선종과의 관련에 유의해서」) 그런데도 저작 가운데서 '禪宗' 두 글자는 언급하지 않는다. 이는 굳이 언급하고 싶지 않은 사정이 있다고밖에 할 수 없을 것이다. 법장도 인간이다. 법장도 측천무후의 명을 맡아서 법문사로 사리의 봉영을 할 정도로 측천무후의 시야에 들었던 승려이다. 그러나 『화엄경』의 확고한 수도론(修道論)의 입장에서 보면 '불립문자'(不立文字) 등으로 말하는, 실천이 분명하지 않은 기우(氣宇)의 장대(壯大)함만으로 측천무후의 총애를 받는 선자(禪者)들은 역겨운 패거리들이라고도 생각했을 테고, '도대체 그들의 가르침이 불교의 이름값을 하는가?'라는 마음도 있었을 것이다. 크게 신경이 쓰이면서, 철저히 무시하는 곳에 법장의 세속성이 얼굴을 보여주고 있다. 그는 뒤에 교학에서 보듯이 자기주장이 강한 사람이지만, 남의 일을 걱정하는 약함을 가지고 있었다. 다른 사람의 교학에 신경이 지나쳐, 그의 교학은 지엄이 갖고 있던 유연성을 잃고 여러 갈래로 균열된 교학이 되어 버렸다.

둘째로 지적하는, 법장이 많은 삼장 법사의 경론 번역을 역장(譯場)에서 조력했던 것은 그의 교학 형성에도 큰 영향을 주었으며, 그것은 그의 공적(功績)으로서 현창해도 좋다. 법장은 일조(日照, Divākara), 제운반야(提雲般若), 실차난타(實叉難陀), 미타산(彌陀山), 의정(義淨), 보리류지(菩提流志)의 6인의 삼장들과 교류가 있다. 이들 가운데서 맨 처음 세 사람에 대해서만 법장과의 관계를 기술한다. 그것은 법장의 교학이나 저작과 관련이 깊기 때문이다.

먼저 일조 삼장(612-687)과의 관계이다. 그는 『방광대장엄경(方廣大莊嚴經)』(T3 수록) 등 18부의 경론을 번역했다. 법장에게는 그가 태원사에 머물고 있을 때, 일조 삼장으로부터 인도의 날란다 승원에서의 유식학파 계현(戒賢)과 중관학파 지광(智光)의 논쟁 정보를 얻은 것이 중요하다. 법장의 『화엄경전기』(T51, 154c-5a)에 법장의 마음이 담긴 일조의 전기가 있으며, 다음의 실차난타전(實叉難陀傳)과 질과 양이 모두 같다. 680년 무렵, 일흔이 가까워져서 온, 부모와 자식 이상의 나이 차가 있는 이 일조 삼장을 30대 후반의 법장은 아버지처럼 대우한 것을 알 수 있다.

다음으로 제운반야 삼장(생몰년 미상)은,『대방광불화엄경부사의불경계분(大方廣佛華嚴經不思議佛境界分)』(T10 수록) 등 6부의 경론을 번역했다. 그 가운데서도 법장과의 관계, 견혜보살 조(堅慧菩薩造)『대승법계무차별론(大乘法界無差別論)』의 번역이 중요하다. 691년 역출(譯出)인 이 책은 여래장사상 계열의 논서로, 법장은 그 주석을 달았다. 의상에게 보낸 책 목록에『신번법계무차별론소(新翻法界無差別論疏)』라고 나와 있다.

다음으로 실차난타 삼장은 18부의 번역 가운데서 80권『화엄경』의 번역이 중요하다. 695년 3월에서 699년 10월까지, 실로 만 4년에 걸친 대번역(大飜譯)이었다. 법장과,『십문변혹론(十門辨惑論)』(T52 수록)의 저자 복례(復禮, 생몰년 미상)도 협력하고 있다. 첫머리에 측천무후의 서문이 있으며, 거기에는 '역장(譯場)에 임석(臨席)하고 있었다.'라고 되어 있어서, 이 번역 사업의 발원자는 측천무후라고 생각하지 않을 수 없다. 법장의『화엄경탐현기(華嚴經探玄記)』에는 '현재『화엄경』을 번역 중이다.'(T35, 123a)라고 현황을 보고하는 부분이 있다.

실차난타에 의한 80권『화엄경』의 번역이 그 이후의 중국 화엄교학에 준 영향이 큰 것이었다는 사실은 확실하다. 또 실차난타는 80권『화엄경』 번역 후, 704년에 어머니의 간병을 위해서 출신지 호탄(于闐)으로 돌아가지만 708년에 또다시 중국에 왔다. 그때는 이미 측천무후는 죽었지만, 당시 중종(中宗)은 장안성(長安城)의 문까지 마중나왔다고 한다. 그리고 2년 후 대천복사(大薦福寺)에서 시적(示寂), 춘추 50세였다.

마지막으로 셋째의 법장의 영능자(靈能者)로서의 일면의 존부(存否) 여부에 대하여 검토해 보자. 징관(澄觀)이『화엄경수소연의초(華嚴經隨疏演義

鈔)』(T36, 656b)에서 처음 언급하고, 신라의 최치원(崔致遠, 857-904?)이『당대천복사고사주번경대덕법장화상전(唐大薦福寺故寺主翻經大德法藏和尙傳)』[『법장화상전(法藏和尙傳)』(T50, 283a)]에서 관련 기사를 짓고, 찬녕(贊寧, 920-1001)의『송고승전(宋高僧傳)』5권에 수록된 법장전(法藏傳)에 기술된 바에 의하면, 법장이 80권『화엄경』을 측천무후 앞에서 강설하고, 그 후에 화엄교학의 법계연기를 설시하기 위해서 법장은 궁전에 놓여 있던 금사자(金獅子)를 가리키며 설법했다. 그 내용이 현존하는『금사자장(金師子章)』(T45 수록)이라고 한다. 또 법장이 측천무후의 명령에 응해서 불수기사(佛授記寺)에서 80권『화엄경』을 강의하고 있을 때, 「화장세계품(華藏世界品)」(T10, 39a 이하)을 강의하기 시작한 순간 강당과 절의 대지가 진동을 일으켰다. 이 일은 곧바로 도유나(都維那)인 승려로부터 측천무후에게 보고되었다. 측천무후는 조칙(詔勅)을 내려서 경하(慶賀)하며 최고로 극찬해서, 법장은 그 후로 더욱더 좋은 대우를 받게 되었다고 한다.

그러나 실제로 그는 이런 영이(靈異)를 할 수 있을 것 같은 인물이었을까? 나는 그의 인물상(人物像)에 대해서는 이시이 코세이 박사에 의한 법장의 『범망경보살계본소(梵網經菩薩戒本疏)』의 분석(『화엄사상의 연구』수록)을 존중하고 싶다. 그 이유는 이시이 박사에 의하면 법장이 계율의 해석에서 '왕력자재(王力自在)'라는 말을 사용해 제왕의 힘에 의해, 계율의 적용을 느슨하게 하거나 적용 제외를 할 것 같은 지극히 현실 순응적인 자세를 보인다는 지적이 있기 때문이다. 그는 그렇게 지극히 현실적인, 또는 어떤 경우에는 원칙에 철저하지 못한 어중간한 불교인이었다고 인정하고 있다. 이렇게 지극히 현실적인, 또한 상황에 휩쓸리기 쉬운 인물이 신령스러운 능력자로서의 힘을 가지고 있었다고는 생각되지 않는다. 다만 여러 종류의 전기는 그에 반해 그를 신령스러운 능력자로서 다루고 있다. 뜻이 맞지 않아 서먹한 것에 대해서 생각하기 위해서는, 우선 문헌적으로는 법장의『화엄경전기(華嚴經傳記)』를 논의의 도마 위에 놓고 그의 화엄경 신앙을 볼 필요가 있다. 그『화엄경전기』가운데서 후대의 전기로 법장이 차츰 화엄의 영능자로 되어가는 열쇠를 찾을 수 있을지도 모른다.

『화엄경전기』는 부류(部類), 은현(隱現), 전역(傳譯), 지류(支流), 논석(論釋), 강해(講解), 풍송(諷誦), 전독(轉讀), 서사(書寫), 잡술(雜述)의 10문으로 이루어져 있다. 이들 가운데서 부류에서 논석까지는『화엄경』관계의 경론을 논하고, 제6의 강해부터 4문은『고승전(高僧傳)』이나『속고승전』등에서『화엄경』에 관련된 승려의 전기를 뽑아내어 열거하고, 또한 법장 자신의 견문을 삽입하여 배열하고 있다. 그 인선(人選)은 오로지『화엄경』을 중심으로 한 불교인으로, 또한 상서(祥瑞) 곧 신령스럽고 이상한 사람이 선정되고 있다. 이『화엄경전기』에서 법장의 영이(靈異)에 대한 동경을 엿볼 수 있다.

또한『화엄경전기』에서 보이는 것은 '대주성신황제'(大周聖神皇帝)(T51, 164a)라는 측천무후를 최고로 찬양하는 '왕력자재(王力自在)' 현창의 자세이다. 689년 정월 7일에 행한 현무문(玄武門)에서 건립된 화엄고좌(華嚴高座) 팔회도량(八會道場)의 성대한 의식에 얼마나 측천무후의 가호가 있었는지가 전면에 언급된 법장의 언설에서는, 영능자의 모습보다도 권력자에게 바짝 다가서는 추종자의 태도를 볼 수 있을 뿐이지 않을까?

그렇다면 최치원의『법장화상전』에 보이는 여러 신령스러운 능력적 사례나 찬녕의『송고승전』의 법장전(法藏傳)에 있는 그의 영이(靈異)는 사실로는 볼 수 없는 것일까? 그것은 이미 법장 자신의 문제라기보다도, 그를 위대하다고 여기는 제자들 생각의 반영일 것이다. 승전(勝戰) 기원이나, 비나 눈을 내리게 하는 예참(禮懺)이나 의례를 행하는 법장을 나는 부정하지 않는다. 측천무후의 명령으로 법문사에 사리를 봉영하는 역할을 맡은 법장이기 때문에, 크게 영력(靈力)을 발휘해 보였던 측면도 있을 것이다. 그러나 나중에 보듯이 그의 교학은 다른 교학자를 크게 신경 쓰면서, 그리고 깨어 있는 눈으로 응시하며, 타산과 책략으로 가득한 것이다. 그러한 사람을 영능자(靈能者)로 부를 수 있겠는가?

그러므로 그의 영능자로서의 모습은 염조은(閻朝隱)의 『대당대천복사 고대덕강장법사지비(大唐大薦福寺故大德康藏法師之碑)』(T50 수록)부터 시작하여, 제자인 혜원(慧苑)이 쓴, 단편밖에 남지 않은 『화엄경산령기(華嚴經算靈記)』에서 극치, 또 한편으로는 전혀 남아 있지 않은 최치원이 언급하는 장안화엄사천리(長安華嚴寺千里)의 찬술인 『장공별록(藏公別錄)』, 법장의 제자 혜영(惠英)이 모은 현존하지 않는 『대방광불화엄경감응전(大方廣佛華嚴經感應傳)』 상하 2권, 그것을 못마땅하게 여겨 다시 편찬한 호유정(胡幽貞)에 의한 같은 이름의 『대방광불화엄경감응전(大方廣佛華嚴經感應傳)』 1권(T51 수록), 그리고 최치원의 『법장화상전』 등으로 역사를 거쳐 가는 동안에 차츰 발전해 나갔을 것이다. 어떤 인물의 성인화(聖人化) 현상이다. 부지런히 그려져서, 청(淸)의 속법(續法, 1641-1728)에 의한 『법계종오조략기(法界宗五祖略記)』(『續藏經』 영인본 1권 34책 수록. 1680년 성립)와 같은 법장전이 완성된 셈이다.

그에게서 영능자의 한 면을 본다고 한다면, 그것은 『화엄경전기』에서 엿보이는 『화엄경』에 대한 전행(專行), 오로지 경전을 숭배하는 행위에 의

한 상서(祥瑞)에 대한 동경일 것이다. 그러나 '왕력자재'의 세계에서 산 법장에게는 신령스러운 능력자의 모습보다도, 화엄지상(華嚴至上)의 교학을 세우기 위해서는 스승인 지엄에 대해서조차 이의를 제기하며 마음에 걸리는 불교인을 모두 능가하려는 책사의 얼굴이 어울린다.

3
법장의 저작

　법장의 저작은 모두 해서 25부를 셀 수 있지만, 지금까지 진위(眞僞)에 대해서 몇 가지 것이 여러 가지 의론(議論)을 받아왔다. 지금은 이것을 소개하는 일에 할애한다. 사견(私見)도 들어 있지만, 법장의 진찬(眞撰)으로 생각되는 13부의 저작을 『대정신수대장경(大正新脩大藏經)』에서 『대일본속장경(大日本續藏經)』으로 순서대로 열거하면 아래와 같다.

　①『반야바라밀다심경략소(般若波羅蜜多心經略疏)』······ (『반야심경소(般若心經疏)』로 줄인다. T33 수록)

　②『화엄경탐현기(華嚴經探玄記)』······ (『탐현기(探玄記)』로 줄인다. T35 수록)

　③『화엄경문의강목(華嚴經文義綱目)』······ (『문의강목(文義綱目)』으로 줄인다. T35 수록)

　④『입능가심현의(入楞伽心玄義)』······ (T39 수록)

　⑤『범망경보살계본소(梵網經菩薩戒本疏)』······ (『범망경소(梵網經疏)』로 줄

인다. T40 수록)

⑥『십이문론종치의기(十二門論宗致義記)』 …… (『십이문론소(十二門論疏)』
로 줄인다. T42 수록)

⑦『대승법계무차별론소(大乘法界無差別論疏)』 …… (『무차별론소(無差別論
疏)』로 줄인다. T44 수록)

⑧『대승기신론의기(大乘起信論義記)』 …… (『기신론의기(起信論義記)』로 줄
인다. T44 수록)

⑨『화엄일승교의분제장(華嚴一乘敎義分齊章)』 …… (『화엄오교장(華嚴五敎
章)』으로 줄인다. T45 수록)

⑩『화엄경지귀(華嚴經旨歸)』 …… (『지귀(旨歸)』로 줄인다. T45 수록)

⑪『화엄경명법품내립삼보장(華嚴經明法品內立三寶章)』 …… (『삼보장(三寶
章)』으로 줄인다. T45 수록)

⑫『화엄경전기(華嚴經傳記)』 …… (T51 수록)

⑬『현수국사기해동서(賢首國師寄海東書)』 …… (『기해동서(寄海東書)』로 줄
인다.『續藏經』영인본 제103책 수록)

그러면 이들 저작이 언제쯤 찬술된 것인지를 추정하고자 한다. 그 추정
의 방법으로는 저작 첫머리의 사명(寺名), 찬호(撰號)[찬술서의 제호(題號)]에
착안해서 먼저 정리한다. 그 위에 전기에서도 언급했듯이 법장은 많은 삼장
법사와 만나 그들의 번역에 협력하고, 또한 그들이 번역한 경론에 주석을
달았으므로 그러한 사실을 크게 활용한다. 또한『화엄경전기(華嚴經傳記)』
를 중심으로 저작 상호의 인용 관계 및 의상에게 보낸 편지『기해동서(寄海

東書)』와 그 내용도 저작의 성립에 관련되므로 참고로 한다.[후술하지만, 물론 십현문(十玄門)과 관련해서 고십현(古十玄)에서 신십현(新十玄)으로 라는 교학의 전개가 저작의 전후 관계와 관련되기도 하므로, 그것도 고려하는 것은 말할 것도 없다.] 그 결과로서 아래와 같은 찬술 연대와 순서를 얻었다.

『십이문론소(十二門論疏)』······ 686년, 법장 44세 무렵, 서태원사(西太原寺)에서 찬술

『범망경소(梵網經疏)』······ 687년, 법장 45세 무렵

『문의강목(文義綱目)』······ 688년, 46세 무렵

『화엄오교장(華嚴五敎章)』······ 688년, 46세 무렵

『삼보장(三寶章)』······ 688년 무렵, 46세 무렵

『화엄경전기(華嚴經傳記)』······ 첫 성립, 689년, 47세

『지귀(旨歸)』······ 690년, 48세 무렵

『탐현기(探玄記)』 제1권 ······ 696년, 54세 무렵

『기신론의기(起信論義記)』······ 697년, 55세 무렵

『무차별론소(無差別論疏)』······ 698년, 56세 무렵

『탐현기(探玄記)』 18권 ······ 699년, 57세 무렵

『기해동서(寄海東書)』······ 700년, 58세 무렵

『반야심경소(般若心經疏)』······ 702년, 60세, 청선사(淸禪寺)에서 찬술

『입능가심현의(入楞伽心玄義)』······ 705년, 63세 무렵

『화엄오교장』에 대해서는 사호(寺號)와 찬호(撰號)가 다른 세 가지 텍스

트가 있다. 만약 송본(宋本)과 같이 대천복사(大薦福寺)에서의 찬술이라면, 시적(示寂) 연대에 가까운 찬술이 되어서 도저히 46세 무렵의 저술로는 될 수 없지만 그렇지는 않을 것 같다.

4
법장 교판론의 세 가지 의도

법장의 교판(敎判)은 오교십종(五敎十宗)으로 부른다. 오교십종은 법장이 『화엄오교장』에서 처음으로 제창했던 교판이다. 오교(五敎)란 다음과 같다.

① 소승교(小乘敎)

② 대승시교(大乘始敎)

③ 종교(終敎)

④ 돈교(頓敎)

⑤ 원교(圓敎)

이에 대해서 개략적으로 설명하면, 소승교란 아함경이나 아비달마불교가 해당된다. 대승시교란 대승불교의 기초적인 가르침으로, 구체적으로는 『반야경』이나 중관불교이며, 또한 유식불교이다. 종교란 대승불교에서도 불성이나 여래장의 교학을 배당한다. 돈교란 『유마경』과 같은 문자나 언설을 떠난 가르침을 가리킨다. ①에서 ③까지를 단계적인 가르침인 점교

(漸敎)라고 한다면, 돈교는 일초직입(一超直入)의 돈오의 가르침이라고도 할 수 있다. 원교는 일승의 가르침, 특히 법장에 있어서는 지엄의 동교일승(同敎一乘)과 별교일승(別敎一乘)의 대등성이 부정되어 원교는 별교일승만으로 한정되고, 동교일승은 원교와 다른 4교와의 관계지음, 혹은 굳이 말하면 『법화경』의 가르침으로 한정되기도 하는 모호한 것이 되었다.

이 5교가 지엄에게도 존재한다는 의견도 있지만, 나는 반대한다. 그 이유는 지엄은 『화엄경수현기(華嚴經蒐玄記)』의 첫머리에서 명확히 다음과 같이 기술하기 때문이다.

하나로 바꾸면 시종(始終)의 교문(敎門)에는 세 가지가 있다. 첫째는 점교(漸敎)이고, 둘째는 돈교(頓敎)이고, 셋째는 원교(圓敎)이다.

확실히 지엄의 만년(晩年) 저작인 『공목장(孔目章)』 등을 보면, 앞서 법장의 5교 각 항목에 유사한 명칭은 많이 나오지만, 명확하게 순서를 매겨 다섯 가지를 나열하지는 않는다. 지엄은 27세의 저작에서 제시한 삼교(三敎)를 만년까지 유지했다고 봐야 한다.

법장의 5교와 후술하는 10종의 교판에는 세 가지 의도가 있다. 첫째는 현장(玄奘)의 유식불교를 대승시교로 위치시키고, 그것이 결코 원교, 별교일승은 아닌 사실을 보이는 것이다. 둘째는 법장의 별교일승(別敎一乘)이 다른 각종의 일승대승(一乘大乘)[일승을 주장하는 여러 가지 대승 경전]과는 다른 사실을 명시하는 것이다. 그리고 셋째로는 당시 발흥하기 시작하던 선종(禪宗)을 종교일 것인지 돈교로 한정하여, 『화엄경』의 가르침보다도 못한 사실을 명확히 주장하는 것이었다.

이들 세 가지 의도에 대해서 상세히 검토해 보자. 우선 첫째의 의도에 대해서 보충하면, 법장의 오교십종(五敎十宗) 그 자체가 현장 문하 규기(窺基)의 교판인 삼교팔종(三敎八宗)을 모델로 형성되었다. 규기의 삼교(三敎)란 그의 『설무구칭경소(說無垢稱經疏)』(T38, 998b 이하)에 의하면, 석가(釋迦)가 바라나시에서 다섯 비구에게 최초로 설법을 한 전법륜(轉法輪), 둘째는 『반야경』으로 공(空)을 설한 조법륜(照法輪), 셋째는 『해심밀경』의 유식의 가르침인 지법륜(持法輪)이다. 이 삼법륜설(三法輪說) 그 자체의 법장에 대한 영향은 엿보이지 않지만, 8종과 10종을 비교하면 명확히 법장이 규기의 교판을 받아서 그것을 환골탈태한 사실이 밝혀진다.

팔종(八宗)이란, 석가가 설한 세 가지 가르침을 여덟 가지의 종으로서 늘어놓은 것이다. 덧붙여서 '종(宗)'이란, '교(敎)'가 부처가 중생에게 말씀한 것인데 반해, '종(宗)'은 그 부처의 가르침을 중생이 자신의 기근에 응해서 중심적인 입장에서 받아들인 것을 말한다. 아래에 규기의 8종을 열거해서 법장의 10종과 대비한다.

제1 아법구유종(我法俱有宗) – 독자부(犢子部) 등
제2 법유무아종(法有無我宗) – 설일체유부(說一切有部) 등
제3 법무거래종(法無去來宗) – 대중부(大衆部) 등
제4 현통가실종(現通假實宗) – 설가부(說假部) 등
제5 속망진실종(俗妄眞實宗) – 설출세부(說出世部) 등
제6 제법단명종(諸法但名宗) – 일설부(一說部)

제7 승의개공종(勝義皆空宗) – 청변(清辨) 등

제8 응리원실종(應理圓實宗) – 호법(護法) 등

『화엄오교장』에 기초하여 법장의 10종을 열거한다.

제1 아법구유종(我法俱有宗) – 독자부(犢子部) 등

제2 법유아무종(法有我無宗) – 설일체유부(說一切有部) 등

제3 법무거래종(法無去來宗) – 대중부(大衆部) 등

제4 현통가실종(現通假實宗) – 설가부(說假部) 등

제5 속망진실종(俗妄眞實宗) – 설출세부(說出世部) 등

제6 제법단명종(諸法但名宗) – 일설부(一說部)

제7 일체개공종(一切皆空宗) – 대승시교(大乘始敎)

제8 진덕불공종(眞德不空宗) – 종교(終敎)

제9 상상구절종(相想俱絶宗) – 돈교(頓敎)

제10 원명구덕종(圓明具德宗) – 별교일승(別敎一乘)

규기의 제2종을 '무아(無我)'에서 '아무(我無)'로 바꾸었을 뿐, 제6종까지
는 전적으로 법장은 규기의 명칭으로 배치하는 부파명을 계승하고 있다. 제
7종은 규기와 내용은 같은 중관학파에 해당하지만, 법장은 5교판의 대승시
교를 해당시킨다. 제8종부터는 법장의 창작으로, 제8은 여래장이나 불성의
교학이다. 제9는 돈교, 제10은 별교일승 곧 원교이다.

이렇게 되면 규기가 제8로 여겼던 호법(護法)의 유식은 법장에 있어서는

둘 곳이 없게 된다. 법장의 본심에서는 그것은 5교판에서 대승시교로 판정하지만, 규기의 8종을 받아 놓고도 현장 유식의 소재를 분명히 하지 않는 것은 공정한 방식이 아니다. 다만 법장은『대승기신론의기』(T44, 243b) 등의 여래장계 주석서에서 다음과 같은 사종(四宗)을 창작해 대응하고 있다. 여기에 아울러 열거해 둔다.

제1 수상법집종(隨相法執宗) ─ 소승제부(小乘諸部)
제2 진공무상종(眞空無相宗) ─ 반야경(般若經), 중관(中觀) 등
제3 유식법상종(唯識法相宗) ─ 해심밀경(解深密經), 유가론(瑜伽論) 등
제4 여래장연기종(如來藏緣起宗) ─ 능가경(楞伽經), 밀엄경(密嚴經), 기신론(起信論), 보성론(寶性論) 등

이것으로 현장(玄奘)의 유식은 위치가 확고히 부여되었다. 그리고 그것은『대승기신론』등의 여래장교학보다도 낮은 것으로 가치 부여되었다. 하지만 문제가 생겼다. 그것은 사종(四宗)과 오교(五敎)의 관련이다.『기신론의기』가운데서 '종교(終敎)' 등의 표현도 있고,『기신론』의 교학이 대승종교에서 돈교 정도의 위치 부여인 것은 추측되지만, 사종과 오교의 뚜렷한 관련성은 없는 채로 끝났다. 그리고『화엄경탐현기』에 이르러 권실이교(權實二敎)가 크게 기능하는 면도 있다. 권실이교란, 일승(一乘[실교(實敎)]인가 삼승(三乘)[권교(權敎)]인가 하는 분별과 같은 것으로, 5교와 10종, 그리고 4종 등으로 세세한 교판을 세워서 분별하는 자세와는 다른, 대략적 교판이다. 이 부근의 교판론에도 엉거주춤한 자세가 나와 있다. 어쨌든 법장은 4종

에서는 현장의 교학을 『대승기신론』 등의 여래장연기종보다도 낮은 것, 또한 5교에서는 종교보다 낮은 대승시교로 판정하고 있는 사실은 분명하다.

다음으로 제2 별교일승(別敎一乘)의 주장을 위해서는 다른 일승대승(一乘大乘)을 비판하는 의도가 법장의 교판에 나와 있다는 점으로 이동한다. 이것은 일승의 대선배인 혜사(慧思, 515-577)나 천태 지의(天台智顗)의 교학에 대한 의식을 먼저 문제삼지 않으면 안 된다. 법장은 『오교장』에서도 『탐현기』에서도 자신의 교판을 말하기에 앞서 고래(古來)의 교판을 소개하지만, 어느 것에서나 천태의 장통별원(藏通別圓)의 4교로 언급하며, 두 스승을 극찬하고 있다.(T45, 481a; T35, 111b) 또한 『기신론의기』(T44, 284b)에 있어서, 지관에 대해서는 천태 지의의 『마하지관(摩訶止觀)』에 따른다고 하는 것으로 유명하다. 법장이 혜사나 지의를 존경하고 있었음은 의심할 바 없다. 그러나 역시 다른 일승대승 비판의 울타리 밖에서는 아니었다. 곧 동교일승을 별교일승과 구별하고, 전자를 후자와 동등하다고는 보지 않고, 전자는 『법화경』의 가르침에 한정하는 자세로 나와 있다. 지의가 동별이교(同別二敎)의 형성에 즈음하여 『법화경』을 전거로 삼은 것은 『화엄경탐현기』(T35, 14b), 『공목장』(T45, 585c)에 있어서 분명하다. 그것에 대해서 법장이 지엄의 동별이교를 계승하면서도, 아무리 양자를 차별하고 동교일승이 『법화경』 중심의 가르침이지 별교일승은 아니라는 사실을 논증한 것이 『오교장』 제1장 「건립승(建立乘)」(T45, 477a 이하)이었다.

더욱이 법장으로부터 다른 일승대승가(一乘大乘家)로서 비판된 이는 신라의 원효(元曉)이다. 현존하는 법장의 저작으로 『대승기신론의기(大乘起信論義記)』는 전편에 있어서 원효의 『기신론소(起信論疏)』와 『대승기신론별기

(大乘起信論別記)』를 원용하고 있지만, 원효가 일심(一心)을 강조하고, 그 시점에서 모든 대승경전을 동질(同質)로 판단하는 것에 법장은 불쾌감마저 품고 있다. 여기서 일심(一心)이란, 석존의 어떤 가르침도 동일한 의도로 일관되어 있다는 의미이다. 특히 『화엄경』을 『대승기신론』과 같다고 생각하거나, 『화엄경』을 『법화경』과 다르지 않다고 하는 것은 법장에게는 견딜 수 없는 일이었다. 원효에게는, 단편잔간밖에 없지만 『십문화쟁론(十門和諍論)』이라는 책이 있었다. 현장 교학과 일승 교학의 융회(融會), 곧 '화쟁(和諍)'[논쟁을 하나로 조정하여 융화시키는 것]을 10개의 테마에 걸쳐 논하는 것이지만, 법장은 그 책마저도 참조하고 있었다. 『화엄경』을 최상으로 생각하는 법장에게는, 원효는 아주 대극적인 불교인이었다.

그 밖에 『일승불성권실론(一乘佛性權實論)』의 저자이며, 『열반경』을 중시한 법보(法寶, 생몰년 미상)와 같은 일승대승가의 설도 원용하고 있지만, 비판하고 있다. 더욱이 현장 문하이면서도 『해심밀경소(解深密經疏)』를 찬술하고, 진제 삼장을 존중하는 이를테면 유식일승(唯識一乘)으로도 불릴 만한 원측(圓測, 613-696)도 이름은 나오지 않지만, 교학을 참조하면서 결과적으로는 비판하고 있다.

이렇게 법장의 다른 일승대승가에 대한 비판은 철저한 것이었다. 그런 만큼 그의 『화엄경』에 대한 애정의 깊이를 느끼지만, 『화엄경』 자체의 해석에도 앞의 삼승 비판이나 다른 일승대승 비판의 자세를 가지고 들어오는 바가 문제다. 삼승대승(三乘大乘)이 일승대승과 입장이 다른 것은 사실이지만, 일승대승의 경우는 불성이나 여래장이 관련된다. 그리고 『화엄경』도 여래장사상적임에도 불구하고, 법장은 『화엄경』을 더 수준 높은 '법계연기(法界緣起)’를 기준으로 해석하므로, 우리를 혼란에 빠뜨린다.

셋째로 법장의 교판이 선종을 돈교로 한정하여『화엄경』보다 못함을 주장하려는 의도에 대해서인데, 이는 두 가지 점에서 설명할 수 있다. 우선 한 가지는 오교판에 있어서 선종의 돈교로의 자리매김이다. 뒤에 징관(澄觀)이 혜원(慧苑) 비판의 일환으로서 "돈교는 선종이라는 한 무리의 기근(機根)을 위한 가르침"(『대방광불화엄경수소연의초(大方廣佛華嚴經隨疏演義鈔)』)(T36, 62a)이라고 하는 사실을 참작할 필요도 없을 것이다. 또 이제 한 가지 것은 지엄이나 의상이『화엄경』을 점돈원(漸頓圓) 3교의 돈(頓)과 원(圓)의 2교에 배당했던 것을 법장은 돈교를 제외하고 원교만으로 한정한 사실이다. 이것이 더 명확한 선종에 대한 대응이라고 말할 수 있을 것이다.『화엄경』은 대승돈교를 설한 선종의 가르침과는 다르다는 법장의 긍지이다.

이상으로 법장의 오교십종 교판의 세 가지 의도를 살펴보았다. 그의 교판도 5교와 4종의 관련 문제, 또『오교장』과『탐현기』에서 5교판의 해석이 다르다는 문제, 또 5교판처럼 엄격하게 구별하는 노선과 권실이교(權實二敎) 곧 일승과 삼승이라는 정도의 내용적으로는 일체개성불(一切皆成佛)과 오성각별(五性各別)의 차이라는 완화된 교판에 대한 경향이 동거한다는 문제가 존재한다. 이 교판론에 있어서도 법장의 엉거주춤한 면은 부정할 수 없다.

5
『화엄오교장』의 텍스트론

일본에서는 가마쿠라 시대의 교넨(凝然)에 의해서 『화엄오교장』의 주석서인 『오교장통로기(五教章通路記)』(T72 수록)가 저술된 즈음부터, 『오교장』의 텍스트는 덴표 연간(天平年間, 8세기)에 전래된 이른바 '화본(和本)'과 북송(北宋)에서 12세기에 전래된 '송본(宋本)'의 두 종류가 유포되어, 어느 것이 법장의 원본인가의 논의가 행해져 왔다.

거기에 더하여, 김지견(金知見) 박사가 고려 균여(均如, 923-973)의 『오교장』 주석 등을 포함한 『균여대사화엄학전서(均如大師華嚴學全書)』(전3책, 1977년)를 간행하고 나서부터, 신라·고려에서 이른바 연본(鍊本)이라 불리는 제3의 텍스트가 존재하는 사실이 밝혀지고, 이들 세 가지의 텍스트를 둘러싼 논의가 일어났다.

고려의 균여는 의상계의 화엄교학을 계승하여 발전시킨 공로자이다. 남아 있는 저작으로는 『석화엄교분기원통초(釋華嚴教分記圓通鈔)』 10권, 『화엄경삼보장원통기(華嚴經三寶章圓通記)』 2권, 『석화엄지귀장원통초(釋華嚴旨歸章圓通鈔)』 2권, 『십구장원통기(十句章圓通記)』 1권, 『일승법계도원통기(一乘法界圖圓通記)』 2권 등이 있어, 지엄·의상·법장의 교학을 현창한 사실을 알 수 있다. 또 그는 향가(鄕歌)라는 일종의 종교 음악을 만들어 유포시켜, 민중 교화에도 노력했다. 그러나 그 화엄 지상주의가 이후 고려 의천(義天, 1055-1101)의 『대각국사문집(大覺國師文集)』 및 『외집(外集)』에서는 편협한 교학자로서 비판받는 면도 있다.

김지견 박사는 『석화엄교분기원통초』의 증언에 기초하여, 연본(錬本) 그 자체는 법장의 원본이며, 화본(和本)은 신라에서 개정된 이본(異本)[초본(草本)]이라고 주장했다. 그것을 유키 레이몬(結城令聞) 박사가 비판해, 화본이야말로 법장의 원본이며, 연본 쪽이 나중의 개정본, 이본이라고 주장했다. 필자도 이 논쟁에 가담하여, 화본의 법장 원본설, 연본의 개정설을 주장하고, 또한 송본의 형성 과정 등을 논했다.

세 가지의 텍스트는 찬호(撰號), 열문(列門)[열 가지 테마의 나열 방법]이 다르므로, 그것들을 대조하여 제시한다. 오래된 쪽부터 화본, 연본, 송본이라는 순서가 된다. 아직 송본과 화본은 오리지널 텍스트의 본문이 남아 있지만, 연본에 대해서는 균여의 주석이 있을 뿐으로, 그 가운데서 인용되고 있는 부분만의 텍스트밖에 없고, 연본의 오리지널 텍스트 전체는 현재까지 발견되지 않았다.

화본(和本)의 찬호(撰號)와 열문(列門)

총제(總題) 『화엄일승교분기(華嚴一乘敎分記)』 위(魏) 국서사(國西寺) 사문(沙門) 법장(法藏) 찬(撰)

상권(上卷) 화엄일승교분기(華嚴一乘敎分記)

  제1 건립승(建立乘)

  제2 교의섭익(敎義攝益)

  제3 서고금입교(叙古今立敎)

  제4 분교개종(分敎開宗)

  제5 승교개합(乘敎開合)

제6 교기전후(教起前後)

제7 결택기의(決擇基意)

제8 시설이상(施設異相)

중권(中卷) 화엄일승교분기(華嚴一乘教分記)

제9 의리분제(義理分齊)

하권(下卷) 화엄경중일승오교분제의(華嚴經中一乘五教分齊義)

제10 소전차별(所詮差別)

연본(鍊本)의 찬호(撰號)와 열문(列門)

총제(總題)『화엄일승교분기(華嚴一乘教分記)』경조(京兆) 서숭복사(西崇福寺)

사문(沙門) 법장(法藏) 술(述)

상권(上卷) 화엄일승교분기(華嚴一乘教分記)

제1 건립일승(建立一乘)

제2 교의섭익(教義攝益)

제3 서고금입교(叙古今立教)

제4 분교개종(分教開宗)

제5 승교개합(乘教開合)

제6 교기전후(教起前後)

제7 결택기의(決擇基意)

제8 시설이상(施設異相)

중권(中卷) 화엄경중일승입교분제의기(華嚴經中一乘立教分齊義記)

제9 소전차별(所詮差別)

하권(下卷) 화엄일승교분기(華嚴一乘教分記)

제10 의리분제(義理分齊)

송본(宋本)의 찬호(撰號)와 열문(列門)

총제(總題)『화엄일승교의분제장(華嚴一乘教義分齊章)』당(唐) 대천복사(大薦福寺) 사문(沙門) 법장(法藏) 술(述)

상권(上卷) 화엄일승교의분제장(華嚴一乘教義分齊章)

제1 건립일승(建立一乘)

제2 교의섭익(教義攝益)

제3 고금입교(古今立教)

제4 분교개종(分教開宗)

제5 승교개합(乘教開合)

제6 기교전후(起教前後)

제7 결택기의(決擇基意)

제8 시설이상(施設異相)

중권(中卷) 화엄일승교의분제장(華嚴一乘教義分齊章)

제9 소전차별(所詮差別)

하권(下卷) 화엄일승교의분제장(華嚴一乘教義分齊章)

제10 의리분제(義理分齊)

이들 세 판본의 큰 차이는 화본이 중권을 제9 의리분제로, 하권을 제10 소전차별로 하는 것에 비해서, 연본과 송본은 중권을 소전차별로, 하권을 의리분제로 하는 점이다. 찬호의 총제 부분은 화본과 연본에 유사함이 인정된다.

그런데 어째서 이러한 텍스트의 큰 개변(改變)이 일어난 것일까? 그 이유와 상황에 대해서 두 가지 증언이 있다. 오래된 것이 균여(均如)의 증언이고, 새로운 것이 송본의 확정에 깊이 관여한 북송(北宋) 정원(淨源, 1011-1088)의 말이다. 먼저 전자부터 보자. 그는 『석화엄교분기원통초』에서 다음과 같이 말한다.

> 묻는다. 어떤 텍스트에서는 제9 의리분제, 제10 소전차별로 되어 있는데, 이것은 어떤 것인가? 답한다. 이것은 뒷사람이 손을 댄 텍스트이다. 묻는다. 뒷사람이란 누구인가? 답한다. 그는 의상(義相) 화상이다. 법장이 의상 대덕께 보낸 편지, 곧 『기해동서(寄海東書)』에 "부디, 의상 스님. 보내드린 저의 저작을 검토하시고, 의견을 말씀해 주십시오."라고 되어 있다. 그래서 의상 대덕은 제자인 진정(眞定)과 지통(智通) 등에게도 의견을 들어, 이 『오교장』에 대해서 개정하는 것이 좋겠다는 의견을 냈다. 지금 나(균여)가 주석하고 있는 것은, 그 의상의 의견을 받아들여, 법장이 확정한 열문(列門)의 텍스트이다. 당초 법장이 의상에게 보낸 제9 의리분제, 제10 소전차별의 열문인 것은 초본(草本)이라고 부르는 것으로, 법장이 최종적으로 동문 선배의 의견을 받아들여 확정한 이 텍스트를 연본(鍊本)이라고 한다. 『균여대사화엄학전서(均如大師華嚴學全書)』 하권, p.23.

이것은 균여의 불가사의한 증언이다. 확실히 법장이 의상 앞으로 보낸 편지 『기해동서』를 보면, 여기서 말한 바와 같이 법장이 의상에게 "저의 저작에 대해서 검토하고, 의견을 주십시오."(『續藏經』영인본 제103책 p.422 왼쪽 위)라고 하는 것은 사실이다. 그러나 법장이 『오교장』 중권 제9 의리분제, 하권 제10 소전차별로 한 것을, 의상이 중권과 하권을 바꿔 넣음이 좋겠다고 해서 그것에 따라서 법장이 개정하고, 처음의 법장 증정본이 초본이요, 개정본이 연본이라는 것과 같은 일이 있을 수 있을까? 그리고 이 연본에는 송본이나 화본에 존재하지 않는 서문(序文)과 유통게(流通偈)까지 붙어 있다.

다음으로 송본(宋本)의 성립에 대해서 본 후에, 이 텍스트를 종합적으로 생각해 보고자 한다. 송본의 성립에 깊이 관여한 인물이 정원(淨源)이다. 정원은 화엄학파의 칠조설(七祖說)[용수(龍樹)·마명(馬鳴)·두순(杜順)·지엄(智儼)·법장(法藏)·징관(澄觀)·종밀(宗密)]을 확립한 사람으로 유명하며, 또 고려의 의천과도 교류했다. 당시 송나라 왕조의 불교계는 오대(五代)의 전란으로 많은 불교 전적이 흔적 없이 타 없어져서, 주변의 나라들에서 경론이나 주석서를 구하고 있었다. 일본의 혜심승도(惠心僧都) 겐신(源信, 942-1017)도 제자에게 부탁해 불서(佛書)를 보낸 것으로 알려져 있다.

정원의 『오교장』에 대한 텍스트[송본(宋本)] 확정 때의 간단한 글의 요지를 살펴보자.

나는 『화엄경』을 횡매(橫梅) 스승의 문에서 듣고, 그 이후 법장(法藏) 스승의 『화엄일승교의분제장』을 배워왔다. 법장이 이 책으로 일승을 열고, 오교를 현창하는 것은 후세의 귀감이 되기도 한다. 그런데 나는 이 『오교장』의 표제에 잘못이 있고, 열문에 문제점이 있고, 또한 텍스트 문자의 혼란이 많은 것을 한탄한다. 표제로서는 『화엄일승교의분제장』으로 되지 않으면 안 되는 것은, 종밀의 『원각경대소(圓覺經大疏)』를 보면 알 수 있다. 다른 텍스트로 『화엄오교장(華嚴五敎章)』으로 있거나, 또한 『화엄일승교분기(華嚴一乘敎分記)』 등이라고 하는 것은 법장의 조의(祖意)에 반한다. 또 열문(列門)은 제9 의리분제, 제10 소전차별이어야 할 것인데, 경산(徑山)의 사본(寫本)에서는 중권과 하권을 거꾸로 해서, 제9 소전차별, 제10 의리분제로 하는 것은 잘못이다. 문자의 잘못은 좋은 텍스트를 얻어서 교정하지 않으면 안 된다. (『續藏經』 영인본 제103책, p.23 오른쪽 위)

이 정원의 증언도, 현재의 『대정신수대장경』 제45권 수록의 텍스트가 송본이라는 점에서 보면 이상하다. 그것은 정원이 열문에 대해서는 화본을 정당하게 여기기 때문이다. 왜 송본의 열문이 연본과 마찬가지로 화본과 다른 것인 결과가 되었을까? 거기에는, 나는 정원이 말하는 경산의 텍스트가 큰 영향을 미쳤다고 생각한다. 그리고 경산의 텍스트 형성의 배경에 고려에서 전래된 신라 성립의 연본이 존재한다고 추측한다. 시대는 송판대장경(宋板大藏經)의 목판본 시대가 되었다. 경산의 텍스트가 정원의 판단을 넘어서 목판본으로 간행되고, 그것을 송나라 시대의 화엄교학자, 특히 사대가(四大家)로 알려진 주석자들이 텍스트로서 채택했을 때에 송본은 고정화되었을 것이다. 물론 정원도 언급하고 있듯이, 그 텍스트를 지지하는 징관이나 종밀의 『화엄오교장』 관(觀)이 배경으로 존재한다. 결국 5교의 논증인 소전차별보다도, 교(敎)와 의(義)를 나눈 의리분제의 책, '교의분제(敎義分齊)'의 의도를 떠맡은 텍스트라는 관념이다.

6
『화엄오교장』의 개설

『화엄오교장』의 연본(鍊本) 및 송본(宋本)에 대한 고찰을 통해서 법장의 원뜻은 화본(和本)이라고 판정했으므로, 그것에 기초해서 십문(十門)의 내용을 개관한다. 먼저 「제1 건립승(建立乘)」인데, 여기서는 첫머리에서 일승(一乘)에는 동별이교(同別二敎)가 있다고 명언한다. 분명히 지엄의 입장을 계승하는 모습을 보이지만, 앞서 말했듯이 법장은 동별일승(同別一乘) 대등론자는 아니다. 그 때문에 전체는 별교(別敎)와 동교(同敎)로 나뉘고, 전자는 일승과 일승 이외를 구분하는 분상문(分相門)과 일체를 일승으로 거두는 해섭문(該攝門)으로 나뉜다. 전체적으로는 인도 전래의 모든 가르침을 '승(乘)' 아래에 총괄하려는 의도가 있다. 법장은 이 제1장에서 일승부터 무량승(無量乘)까지의 승(乘) 체계를 동별이교 아래에 총괄한다. 연본이나 송본에서는 「건립일승(建立一乘)」으로 되어 있지만, 이러면 미리 일승만을 건립하는 것이지, 석가의 가르침을 승(乘) 아래에 거두려는 법장의 의도에는 맞지 않다. 법장은 인도 전래의 '승(乘)'을 중국불교에서 설득성을 지닌 '교(敎)'의 체계로 재편성하는 것을 목표로 하고 있다.

「제2 교의섭익(敎義攝益)」은 제1문의 분별을 받아 일승과 삼승, 또 별교와 동교가 어떤 교화적(敎化的) 이익을 가져올 것인가를 논한다. 여기서는 『법화경』「비유품」화택(火宅)의 비유가 유효하게 이용된다. 다음으로 「제3 서고금입교(叙古今立敎)」에서는 예로부터의 10종의 교판이 소개된다. 다음의 「제4 분교개종(分敎開宗)」은 이미 소개한 법장의 5교 10종의 교판이 제시된다. 여기서 '승(乘)'의 체계는 완전히 '교(敎)', 혹은 '종(宗)'으로 전환되었다고 해도 좋다. 법장에 있어서는 '교(敎)'의 시작이 중요하다. 또 여기서 굳이 '종(宗)'을 나열하는 것에 대해서는 앞에서는 규기 교판의 환골탈태라고도 말했지만, 혹은 선종에 대한 대응으로도 받아들인다. 그리고 「제5 승교개합(乘敎開合)」이 '승(乘)'에서 교(敎)로의 전환의 총 마무리라고도 할 수 있다. 승(乘)으로 교(敎)를 거두어들이거나 교(敎)로 승(乘)을 거두면서, 점차 5교의 체계를 확인한다. 「제6 교기전후(敎起前後)」는 석존의 설법에 입각하여 어떻게 『화엄경』이 가장 중요한 의미를 갖는 본교(本敎)이며, 다른 것은 말교(末敎)인지를 논한다. 여기서 『법화경』이 시간적으로나 공간적으로 『화엄경』과 이질적인 말교인지가 설해지는 것은, 천태교학에 대한 비판 이외에는 있을 수 없다. 「제7 결택기의(決擇基意)」란, 완전히 바뀌어서 중생 기근(機根)의 측에서 『화엄경』의 가르침에 대한 대응의 가부를 문제로 삼는다. 소승의 근기에서부터 일승별교까지의 기근을 10단계로 나누어 논한다. 여기서도 『법화경』의 기근은 일곱 번째로 위치가 부여되어 있고, 더구나 '동교일승(同敎一乘)'(T45, 843b)으로 명백한 규정을 넣는다. 법장이 지엄과는 달리, 동교일승을 『화엄경』의 가르침에 갖추어진 작동이라고 하지 않고, 『법화경』을 배당하고 있는 것을 알 수 있다. 「제8 시설이상(施設異相)」은 상권의 마지막 장인데, 10문으로 나누어 별교일승, 곧 원교와 그 이외 가르침의 차이를 총괄한다.

이제부터가 문제의 텍스트론에 관련한 열문(列門)의 상위(相違)가 있는 곳이다. 화본은 중권이 「제9 의리분제(義理分齊)」이고, 연본과 송본은 「제9 소전차별(所詮差別)」을 중권으로 한다. 여기가 총제(總題)의 『화엄일승교분기(華嚴一乘敎分記)』[화본(和本)과 송본(宋本)]와『화엄일승교의분제장(華嚴一乘敎義分齊章)』[송본(宋本)]의 큰 분기점이 되는 곳이다. 전자의 총제(總題)는 '교분(交分)' 곧 5교의 분제(分齊), 5교를 나누는 것에 이 책의 핵심이 있다고 한다. 후자에서는 '교의분제(敎義分齊)' 곧 교(敎)와 의(義)를 나누어 가지런히 하는 것에서 이 텍스트의 본래 의도를 본다. 법장의 진의(眞意)는 전자였다. 그러나 연본이나 송본에 의한 주석서는 법장의 진의를 교(敎)와 의(義)를 나누어 최종적으로 십현문(十玄門) 등의 의리(義理)의 세계를 열어서 드러내는 것이 목적이었다고 본다. 법장은 그렇지 않다. 법장은 앞에서 본 5교의 확립, 나는 거기서 세 가지 의도를 보았는데, 그 교판의 보편성을 나타내는 것이 목적이었다. 그것을 분명히 하기 위해서 어떤 방법으로 '의리분제(義理分齊)'를 제9로 하는 열문이 옳은가를 제시한다.

그것은 화본에서의 「제10 소전차별(所詮差別)」 첫머리의 한 문장 읽는 법, 그리고 그 제10문 전체의 취지에서 저절로 드러나는 것이다. 그것을 보자. 「제10 소전차별」 첫머리는 화본에서 다음과 같이 되어 있다. 먼저 백문(白文)을 보고, 선학(先學)의 읽기, 균여의 해석, 올바른 읽기, 그리고 그 의미를 기술한다.

第十明諸敎所詮差別者略擧十門義差別故顯彼能詮差別非一.(T45, 484c)

이 한 문장을 유스키 료에이(湯次了榮) 선생은 다음과 같이 훈독한다.[선생은 송본(宋本)을 쓰고 있기에 약간 문구가 다르다.]

아홉째 제교소전(諸敎所詮)의 차별을 밝히는 것은, 대략 십문(十門)의 의(義)의 차별을 들 수 있기 때문에, 그 능전(能詮)의 차별은 하나가 아님을 나타낸다.

다음으로 열문(列門)에서는 송본과 같은 것을 주석하는 균여가 이 한 문장을 어떻게 해석하고 있는지를 보자.

둘째로 교의비일(敎義非一) 가운데, '의차별고(義差別故)'란, 이 소전(所詮)이 하나가 아니다. '현피능전(顯彼能詮)' 등이란, 그 소전(所詮)의 능전(能詮)도 또한 하나가 아님을 나타낸다. (『균여대사화엄학전서』하권, 가마타 시게오(鎌田茂雄) 「석화엄교분기원통초의 주석적 연구 3-1」)

유스키 료에이 선생이 "십문(十門)의 의(義)의 차별을 들 수 있기 때문에"라고 읽고 있지만, 균여는 '십문(十門)'과 '의(義)'의 사이를 끊고, "의(義)의 차별 때문에"라고 읽고 있다. 이것이 맞다.
나의 훈독을 제시한다.

열째로 제교(諸敎)의 소전(所詮)의 차별이란, 대략 십문(十門)을 든다. 의(義)의 차별 때문에, 그 능전(能詮)의 차별도 하나가 아님을 나타낸다.

의미는 "제10의 소전차별, 곧 5교는 [언어에 의해 표현된 진리인] 소전(所詮)의 차별에 대해서는, 아래의 [소의심식(所依心識) 등] 십문의 테마를 내걸고 분별한다. [제9 의리분제]에서 밝힌 의(義)의 차별이 있으므로, [부처가 언어 표현으로 설한] 능전(能詮)에도 차별이 있어, 동일한 가르침은 아닌 것이다."가 된다.

유스키 료에이 선생의 훈독에서는 '의(義)' 한 글자는 '십문(十門)의 의(義)'로서, 아래에서 분별하는 '소의심식(所依心識)' 등의 십문의 테마와 같은 것이 된다. 그에 대하여 나의 훈독에서는, 이 '의(義)'는 제9 의리분제(義理分齊)의 '의(義)'인 것이다. 의리분제에서 원교의 의리(義理), 곧 법계연기(法界緣起), 십현육상(十玄六相)의 내용을 확정하고, 그것을 기준으로 하여 앞으로 십문의 테마 각각의 5교, 능전(能詮)의 가르침을 소전(所詮)의 의(義), 의리(義理)에서 심천(深淺)을 분별해 간다는 것이다. 이 한 문장을 정확히 읽으면 제9 의리분제를 받아서 제10 소전차별이 있다는 사실을 알 수 있다.

또 소전차별 각각의 테마 해석에서는, 특히 원교에 있어서는 십현문에서 논해진 세계로 언급한다. 그것들은 이미 제9에서 확정되었기 때문에, 당연한 내용으로서 설명에 이용하는 것이다. 제10 소전차별에서 예를 들어 '제1 소의심식'의 원교의 설명에 있어서 "만약 원교에 의하면 곧 성해원명(性海圓明)에 관련된다. 법계연기는 무애(無礙) 자재(自在)하고, 일즉일체(一卽一切) 일체즉일(一切卽一), 주반원융(主伴圓融)하다."[만일 완전한 가르침의 입장에 따르면, 곧 부처의 깨달음은 다른 가르침처럼 불충분하지 않고, 큰 바다에 비유될 수 있듯이 깊고 넓은 것이다. 부처의 진실한 세계는 어떤 장애도 없이 자유자재하고, 하나의 것이 모든 것과 관계해 어우러지고, 또한 모든 것도 하나에 거두어진다. 그렇지만 모든 관계는 서로 주(主)가 되고 반(伴)이 되어 합쳐져 서로 원만하게 융통할 수 있는 것이다.]라는 한 문장은,

이 책 제5장에서 설명하는 의리분제의 십현문을 알아야만 이해할 수 있는 것이다. 연본이나 송본과 같이 제9 소전차별의 열문(列門)에서는 제10의 의리분제가 뒤에 나오기 때문에 제9문의 원융(圓融) 등의 뜻을 이해하지 못할 것이다.

그래서 화본 마지막 하권은 「제10 소전차별」이 된다. 여기서는 『화엄경』에 관한 교리를 십문(十門)을 들어서 거기에 얼마나 5교가 관철하며 별교일승, 원교가 나타나는지를 제시한다. 십문이란, 제1 소의심식(所依心識), 제2 불종성(佛種性)[불성(佛性) 논의], 제3 행위분제(行位分齊)[수행과 그 단계], 제4 수행시분(修行時分)[수행의 길이], 제5 수행의신(修行依身)[수행자의 존재 모습], 제6, 단혹분제(斷惑分齊)[번뇌를 끊어 다한 모습], 제7 이승회심(二乘廻心)[이승(二乘)이 대승(大乘)에 회입하는지 어떤지의 논의], 제8 불과의상(佛果義相)[정토론(淨土論)], 제9 섭화분제(攝化分齊)[교화론(教化論)], 제10 불신개합(佛身開合)[불신론(佛身論)]이다. 이 법장의 논증 노력에는 머리가 숙여질 것 같다. 그의 5교에 대한 집념을 느낀다.

이상으로, 법장의 본의(本意)인 5교 확립의 책으로서의 화본을 개설했지만 가장 중요한 「제9 의리분제」의 설명을 하지 않았다는 사실에 정신이 들었다. 그런데 문제도 있다. 그것은 십현(十玄)에 대한 육상(六相)의 위치 부여의 문제이다. 「제9 의리분제」는 『오교장』 중권 전체이지만, 4문으로 이루어져 있다. 제1은 삼성동이의(三性同異義), 제2는 육의위인연기(六義爲因緣起)[연기인문육의법(緣起因門六義法)], 제3은 십현연기무애법(十玄緣起無礙法)[십현연기무애법문의(十玄緣起無礙法門義)], 제4가 육상원융의(六相圓融義)이다. 제3까지는 뒤에서 상세히 볼 것이므로, 여기서는 설명을 생략한다. 다만 육상원융의에 대해서 설명한다.

지엄의 전기에 있었던 것처럼 그는 불가사의한 인물로부터 '육상(六相)'이 중요하다고 듣고 그것을 크게 전개하여, 지론종의 사상으로부터 화엄교학의 자립을 이루었다. 그 결과가 동별이교(同別二敎)의 가르침이라고 나는 생각한다. 의상의 『화엄일승법계도』를 보면 첫머리에 육상(六相)이 나와서, 그는 스승인 지엄의 가르침을 계승하고 있다고 생각한다. 그에 대해서, 이제부터 검토하는 법장의 십현문(十玄門)은 확실히 화엄 별교일승의 사상이지만 그 근저에 육상이 있다고는 생각할 수 없다. 육상은 법장에 있어서는 십현문 뒤에 「제9 의리분제」 네 번째로 육상원융의(六相圓融義)로서 나와 있지만, 마치 부록처럼 있다. 화엄의 사상을 말할 때 반드시 육상십현(六相十玄)이라고 하지만, 이것은 스승 지엄이나 의상이라면 할 수 있어도 법장에 있어서는 말할 수 없지 않을까? 그의 법계연기는 십현문에 상징되고 있고, 육상원융의는 집의 비유를 이용하여 간단히 서술하고 있다.

그 비유를 소개하면, 우리가 머무는 집은 기둥과 서까래 등의 여러 가지 요소가 각기 서로 힘을 내놓는 것에 의해서 한 채의 집으로서 이루어짐과 동시에, 단 한 개의 서까래가 빠진 것만으로도 집은 완성되지 않는다는 의미에서는 서까래는 절대적인 무엇과도 바꿀 수 없는 존재로, '서까래야말로 집 그 자체'라고 하는 것이 가능하다. 이 양쪽의 견지를 설하는 것이 법장의 육상이다. 그런데도 법장에 있어서 육상의 해석은, 십현문 특히 상즉의 가르침을 복습한 것에 지나지 않는다는 인상이다.

제4장

법계연기의 실상

1
법계연기라는 '연기'

법계연기(法界緣起)에 대해서 이제부터 이야기한다. 그것은 '일즉일체 (一即一切 일체즉일(一切即一)'의 연기인데, 석존의 연기관으로부터 지엄이나 법장과 같은 법계연기관이 어떻게 전개된 것일까?

석존의 연기는 제자 아설시(阿說示, Assaji)가 아직 육사외도(六師外道)의 한 사람인 산자야(Sañjaya)의 제자였던 사리불(舍利弗, Sāriputta)을 향해서

모든 것은 원인(原因)에 의해서 생긴다. 여래는 그것들의 원인을 설하셨다. 또 그것들의 소멸도. 대사문(大沙門)은 이렇게 설하신 분이다. (팔리『율장(律藏)』「대품(大品)」『원시불전 제1권─붓다의 생애』수록)

라고 말한 것이 원형에 가까웠을 것이다.

그것이 "이것이 있으면 저것이 있고, 이것이 생기기 때문에 저것이 생긴다. 이것이 없으면 저것이 없고, 이것이 멸하기 때문에 저것이 멸한다."와 같은 경문이 된다. 이것을 연기의 기본이라고 해도 좋다. 모든 것은 연(緣)에서 생긴다. 우리의 생명이 깊은 연(緣)에 따른 어떤 불가사의한 것인지, 그리고 무상(無常)의 바람 앞에 얼마나 여린 것인지를 말하는 것이 연기의 가르침의 원점이요, 또한 무상의 가르침이다. 그렇지만 우리는 생로병사의 현실 속에서 살아갈 수밖에 없을 것이다. 그리고 그 목적은, 자신의 깨달음을 실현하는 것이 아니라, 서로의 행복을 실현해 가는 것이다.

그러나 이 연기의 가르침도, 점차 이 기본 정신이 잊혀 가는 것은 아닐까? 인도불교에서는 아비달마의 십이지연기(十二支緣起)의 해석[삼세양중(三世兩重)의 인과설(因果說)]에서 볼 수 있듯이, 연기가 윤회로부터의 해석보다도 윤회의 근거로 빠지고 말았다. 석존은 수행에 의해 생사를 초탈했는데, 제자들은 역시 생사의 초탈에 걸려 넘어졌다. 연기의 가르침의 기본인 생명의 불가사의, 무상의 바람보다도 제자들은 생명의 인과성(因果性), 상주불변성(常住不變性)에 집착해 버렸다.

대승불교는 『반야경』에서 보듯이 또한 용수의 『중론』이 설하듯이, 공(空) 가르침의 근본에서 이 무상성(無常性)을 되찾으려고 했다. 그러나 대승불교도 부파불교 이상으로 윤회의 사상을 짙게 받아들였다. 유식교학 등은 그 전형일 것이다. 또 일체중생(一切衆生), 일체지(一切智) 등 일체(一切)가 연호된다. 일체중생의 구제에서는 대불(大佛)의 출현도 있다. 시방세계(十方世界)도 말해지고, 시방불(十方佛)도 칭해진다. 그 사람들의 부처는 자그마한 우리에게는 상대할 수 없을 정도의 커다란 존재이다.

공(空)의 원뜻은 무상(無常)이었을 테지만, 부처도 가르침도 상주(常住)를 지향했던 것이 대승불교의 추세였다. 이 경향은 인도에서 중국으로 불교가 전해져 들어와 대승불교가 주류로 되면서, 중국사상의 체용론(體用論)[실체로서의 '체(體)'와 현상으로서의 '용(用)'의 상관성을 설명하는 사고방식] 등이 이론적으로 원호되어, 무엇보다 먼저 힘이 세진 것은 아닐까? "아직 생을 모르는데, 어찌 죽음을 알 수 있으랴."(『논어(論語)』 제11 「선진(先進)」)라고 했던 공자(孔子)가 겸허하게 보일 정도로, 중국의 불교도는 생사의 초탈과 생명의 영원성을 이야기함이 지나친 것은 아닐까? 무상은 어딘가로 가버렸다. 연기가 짊어졌던 생명의 불가사의함과 취약함은 어디로 갔을까? 중국에서는 점차 선종과 같은 힘찬 불교가 인기를 얻어가게 된다.

일본에서는 더욱 지독해졌다. 일본적 애니미즘은 일체를 부처로 하는 것에 머물지 않는다. 무상(無常)은 자각(自覺) 이전에 무자각적으로 감정적인 세계의 일이 되었다. 연기의 가르침의 기초였던 생명의 불가사의함, 무상의 바람, 그리고 무명(無明)의 자각을 목표로 했던 수행의 필연성은 '일체가 무엇을 하지 않고도 전부 부처가 된다.'라고 하는 감각 앞에서 그 모습을 감추고 말았다.

지금 내가 말하려고 하는 '일즉일체(一卽一切) 일체즉일(一切卽一)'의 연기는, 저 석존에 의한 연기의 원점과는 어떤 관계에 있는 것일까? 나는 둘은 진실로 걸맞지 않은 것 같은 생각이 든다. 부처의[그리고 우리들의] 생명의 영원성을 구가하는 이 전자의 이데아는, 이제부터 보듯이 중국사상의 중핵인 체용론을 기초로 해서 말해진다. 그것에 대해서 '석존의 연기는 진실로 가냘프다고도 할 수 있는 여린 인간관이다. 그것은 우리의 생명이 무상의 바람 앞에서, 마치 바람 앞의 등잔불과 같은 생명인 사실을 가르친다.

어떤 동료는 내가 이 책을 쓰고 있다고 하면, "나는 '일체(一切)'라는 말을 들으면, 나만은 그 일체에 넣어달라고 하고 싶지 않은 기분이 든다."라고 했다. 나도 마찬가지의 생각을 품으면서, 이 책을 쓰고 있다. 오히려 표제에서 핑계 삼은 석존의 연기를 말하면 '일부즉일체(一不卽一切) 일체부즉일(一切不卽一)'[하나는 모든 것에 즉하지 않고, 모든 것은 하나에 즉하지 않는다.]이 어울릴 것이다. 그렇게 간단히 전부를 등호로 결부시키고 싶지 않은 마음도 있다. 우리는 실제로 전부 제각각인 것이다. 제각각인 것이, 어떤 경우는 연

(緣)이 맞아 서로 관련을 맺으면서 어떻게든 가냘프게 생명을 길게 늘이고 있는 것에 지나지 않는다.

그렇게 볼 때, 석존의 연기를 기준으로 본다면 이 '일즉일체 일체즉일'은 법계연기로 불리듯이 부처의 최고의 책임지는 방법, 곧 부처가 일체중생을 구제하려고 하는 것을 논하는 것이므로, 우리 평범한 사람은 이 말에 걸려 넘어질 것이다. 이러한 책임 따위 나에게는 없다. 이 법계연기에 대해서, 법장은 뒤에 보듯이 십현문에 있어서 '무궁(無窮)'[어떤 결과의 원인을 탐구할 때, 그것을 무한히 소급하는 것]이라고 불렀다. 법장은 무궁인 것을 '실덕(實德)'[진실한 특질]이라고 상찬하지만, 논리적으로는 무책임한 사상이 된다고도 말할 수 있을 것이다. 이러한 힘찬 연기관을 볼 때면, 우리는 석존의 고절한, 여린 인간관을 끝까지 사모하여 계속하지 않으면 안 된다고 생각한다.

2
고십현과 신십현

제3장의 맨 끄트머리에서 법장의 법계연기는 십현문(十玄門)[십현연기무애법(十玄緣起無礙法)]으로 상징된다고 했지만, 십현문이란 법계연기의 실상을 열 가지 시점에서 설명하고자 하는 것이다. 그런데 이 십현문의 가르침에 들어가기 전에 준비 작업이 필요하다. 그것은 법장에 있어서 고십현(古十玄)에서 신십현(新十玄)의 형성이다.

우선 지엄은 『화엄경수현기』 1권(T35, 15b)에서 제1 동시구족상응문(同時具足相應門), 제2 인다라망경계문(因陀羅網境界門), 제3 비밀은현구성문(秘密隱顯具成門), 제4 미세상용안립문(微細相容安立門), 제5 십세격법이성문(十世隔法異成門), 제6 제장순잡구덕문(諸藏純雜具德門), 제7 일다상용부동문(一多相容不同門), 제8 제법상즉자재문(諸法相卽自在門), 제9 유심회전선성문(唯心廻轉善成門), 제10 탁사현법생해문(託事顯法生解門)의 열 가지 문을 제시한다. 이것이 고십현이다. 또 이들 십현문이 전개하는 기초가 되는 십의(十義)로서 ① 교의(敎義), ②이사(理事), ③해행(解行), ④인과(因果), ⑤인법(人法), ⑥분제경위(分齊境立), ⑦사제법지(師弟法智), ⑧주반의정(主伴依正), ⑨역순체용(逆順體用), ⑩수생근욕시현(隨生根欲示現)의 십법(十法)을 든다.

　법장에 있어서 십현문의 세계에 새로운 경지를 열었던 것은 『화엄경지귀』이다. 『지귀』에서는 「제7 교의(敎義)를 나타내다」(T45, 594a)에 있어서 십의(十義)를 제1 교의(敎義), 제2 이사(理事), 제3 경지(境智), 제4 행위(行位), 제5 인과(因果), 제6 의정(依正), 제7 체용(體用), 제8 인법(人法), 제9 역순(逆順), 제10 응감(應感)의 십대(十對)라고 했다. 이것을 법장은 『화엄경탐현기』에서, 또 징관도 『화엄경소』에서 전적으로 계승한다. 지엄의 것에 비해서 세련됐다. 또한 『지귀』의 십현문은 '무애(無礙)'를 붙여서, 다음과 같은 십무애(十無礙)를 제창한다. 제1 성상무애(性相無礙), 제2 광협무애(廣狹無礙), 제3 일다무애(一多無礙), 제4 상입무애(相入無礙), 제5 상시무애(相是無礙), 제6 은현무애(隱現無礙), 제7 미세무애(微細無礙), 제8 제망무애(帝網無礙), 제9 십세무애(十世無礙), 제10 주반무애(主伴無礙)이다. 덧붙여 말하면 십의(十義)[십대(十對)]에 대해서는 제5장의 첫머리에서 상세히 기술한다.

흔히 고십현과 신십현의 차이는 유심회전선성문(唯心廻轉善成門)의 유무로 이야기하지만, 확실히 그렇지만, 법장은 이『지귀』에서는 새로운 십현문이 성립하는 근거를「제8 경의(經意)를 풀이한다」(T45, 594c 이하)라는 제목 아래서 십인(十因)으로 기술한다. 여기에서 '유심(唯心)'은 십현의 근거 중 하나가 되고 있다. 이 십인도 뒤의 십현문에서는 징관까지 전개되는 중요한 것이므로, 열거해 보자. 제1은 '모든 법은 고정된 모습이 없음을 밝히기 위함이므로'이다. 제2는 '오직 마음에 나타나기 때문에'로, 유심은 십현문이 성립하는 근거가 되었다. 제3은 '허깨비로 만들어진 것과 같기에', 제4는 '꿈에서 나타난 것과 같기에', 제5는 '수승한 신통력 때문에', 제6은 '깊은 선정의 작용력 때문에', 제7은 '해탈의 힘 때문에', 제8은 '인(因)은 무한하기에', 제9는 '연기가 상유하기 때문에', 제10은 '법성은 융통하기 때문에'의 열 개의 이유가 붙어 있다. 이들 가운데서 제9 '연기상유(緣起相由)'와 제10 '법성융통(法性融通)'의 두 가지가 법장, 혜원, 징관에 있어서 각각 중요한 역할을 한다.

법장의『탐현기』에서 십법(十法)은『지귀』의 십대(十對)를 그대로 계승하지만 십현문은『지귀』를 받으면서도 새로이 제창한다. 이것을 신십현이라고 부른다. 열거해 보자. 제1은 동시구족상응문(同時具足相應門), 제2는 광협자재무애문(廣狹自在無礙門), 제3은 일다상용부동문(一多相容不同門), 제4는 제법상즉자재문(諸法相即自在門), 제5는 은밀현료구성문(隱密顯了俱成門), 제6은 미세상용안립문(微細相容安立門), 제7은 인다라망법계문(因陀羅網法界門), 제8은 탁사현법생해문(託事顯法生解門), 제9는 십세격법이성문(十世隔法異成門), 제10은 주반원명구덕문(主伴圓明具德門)이다.

다음으로 십현문이 성립하는 이유의 '십류(十類)'는 제1 '연기의 상유 때문에', 제2 '법성의 융통 때문에', 제3 '각자의 오직 마음에만 나타나기 때문에', 제4 '허깨비와 같이 진실하지 않기 때문에', 제5 '크고 작음이 정해질 수 없기에', 제6 '무한한 원인에서 발생하기 때문에', 제7 '과덕(果德)이 원만하고 지극하기 때문에', 제8 '수승한 신통이 자재하기에', 제9는 '삼매의 위대한 작용에 의하기 때문에', 제10 '생각하기 어려운 해탈 때문에'라고 한다. 『지귀』의 십인(十因)과 대응은 되지만 전부 같지는 않은데, 법장은 『탐현기』에서는 제1 연기상유만을 설명하고 다른 것은 설명하지 않고, 다만 '나머지 문은 『지귀』 가운데서 설명하는 것과 같다.'(T35, 12a)라고 『지귀』에 설명을 미룰 뿐이다.

3
삼성동이의 – 空과 有의 상즉

이제부터 십현문의 기초로서, 『화엄오교장』 「제9 의리분제」의 삼성동이의(三性同異義) 및 육의위인연기(六義爲因緣起)[연기인문육의법(緣起因門六義法)] 등의 설명에 들어가는데, 우선 가장 기본적인 두 가지 사실을 말하고자 한다. 그것은 첫째로 십현문에 이르는 논의도 불교의 기본적인 인식론인 인연과(因緣果)의 삼법(三法)을 기초로 하고 있다는 것이다. 법장은 연기라고 하면서도, 인(因)과 연(緣)과 과(果)의 삼법에 의하고 있다. 그 결과가 십현문, 곧 열 가지의 심오한 『화엄경』의 법문이다. 그 인(因)에 대해서, 삼성동이의에서 공(空)과 유(有)의 두 가지 뜻이 있는 것을 논의한다. 또 육의위인연기에서는 그 공유(空有)의 논의를 계승한 위에서, 다시 체(體)와 용(用)의 논의를 도입해서 체(體)의 공유(空有)에 대해서, 용(用)의 유력(有力)과 무력(無力)이 설명된다. 또한 인(因)과 연(緣)의 관계에 있어서, 인(因)만의 자립성이 동체(同體)로서 '부대연(不待緣)'[연(緣)이 필요 없다]이라는 말로 제시되고, 연(緣)이 필수인 면은 '대연(待緣)'으로서 설해진다.

다음으로 또 하나, 공유(空有)라는 용어에도 미리 설명이 필요하다. 용수의 『중론』에서 유(有)라고 하면, 자성(自性)을 가진 존재를 의미한다. 그 유(有)인 존재를 무자성(無自性)·공(空)으로 논증하고, 그 공(空)은 허무는 아니고, 중도(中道)의 실천에 적합하다고 하는 것이 용수의 취지이다. 이 용수의 『중론』 등에 친숙한 사람은, 여기서 법장이 쓰는 공유(空有)에 위화감을 가질 것이다. 왜냐하면, 법장이 쓰는 유(有)는 단순한 존재라든가 법의 자성을 지닌 존재는 아니고, 『열반경』이나 여래장사상의 불공(不空) 혹은 유식사상의 삼성(三性)에서 보는 것과 같은 자성적인 현재의 모습이기 때문이다. 또한 공(空)도 『중론』의 무자성·공으로 본다기보다는, 유식적인 공(空) 해석에 따른다고 할 수 있다. 그러므로 법장의 공(空)이나 유(有)를 보는 국면은, 중국불교의 흐름 가운데서 삼론(三論) 길장(吉藏)이나 정영사(淨影寺) 혜원(慧遠) 등의 논의가 기초가 되는 사실을 지적해 둔다.

그러면 삼성동이의(三性同異義)의 설명에 들어가자. 이것은 현장(玄奘)이 전하는 바의 유식(唯識) 삼성설(三性說)을 법장류(法藏流)로 해석한 것이다. 삼성(三性)이란 변계소집성(遍計所執性), 의타기성(依他起性), 원성실성(圓成實性)이다. 다음 항의 육의위인연기에 대해서는 이미 스승인 지엄이 문제 삼은 것에 비해서, 이것은 법장 자기 나름의 공부라고 할 수 있다. 그것은『십이문론종치의기』에서 익혔던 것을, 이『화엄오교장』에서 돌려 썼다. 이미 『오교장』에 선행한 저작인『십이문론종치의기』를 보면 삼성동이의의 주요한 포인트는 완성되어 있다.

『십이문론종치의기』(T42, 213a)를 보면, 일조(日照)가 서태원사에서 이야기했던 날란다 승원에서의 계현(戒賢)과 지광(智光)의 논쟁이 나온다.『오교장』에서는 계현과 지광의 논쟁을 이미 알면서도, 호법(護法)과 청변(淸辨 490-570)의 이름을 내놓고 있다. 그들의 이름 쪽이 현장의 전승으로 유래한, 중국불교에서는 설득력을 지닌다고 법장은 생각했기 때문일 것이다.

삼성동이의의 내용을 보자. 우선 원성실성(圓成實性)인데, 진(眞)에 불변(不變)과 수연(隨緣)의 두 가지 뜻이 있다고 한다. 이것은 진여(眞如)에 변하지 않는 면과 연(緣)에 따라 염정(染淨)이 될 수 있는 면이 있다는 의미이다. 이 후자의 진여수연(眞如隨緣)은 진여의 체(體)와 수연의 용(用)으로 이루어져서, 중국불교의 기본적인 체용론이다. 법계연기는 이 체용론을 기본으로 하고 있다. 다음으로 의타기성(依他起性)에는 사유(似有)와 무성(無性)의 두 가지 뜻이 있다고 한다. 의타기성에는 변계소집성이 되는 허망분별(虛妄分別)과 공무성(空無性)의 두 면이 있는 사실을 말하고 있다. 마지막으로 변계소집성(遍計所執性)에도 정유(情有)와 이무(理無)의 두 가지 면이 있다. 곧 변계소집성은 허망한 분별이지만, 본성은 공무성인 사실을 두 면으로 제시한다.

이렇게 삼성(三性)에 각기 두 가지 뜻을 인정한 후에, 진(眞)의 불변(不變), 의타(依他)의 무성(無性), 소집(所執)의 이무(理無)는 동일한 것으로서, "삼성(三性)은 일제(一際)로서, 같은 것으로서 다른 것이 아니다."라고 단언한다.

다음으로 진(眞)의 수연(隨緣), 의타(依他)의 사유(似有), 소집(所執)의 정유(情有)의 세 가지 뜻도 일치한다고 한다. 이들 삼성의 두 면을 각각 동일한 진실성으로 하는 것이, 공유상즉(空有相卽)의 복선으로 되어 있다.

드디어 공유(空有)의 상즉(相卽), 곧 공(空)과 유(有)가 일체화하는 논의를 보자. 삼성에 대해서 다양한 분별이 있지만, 이 삼성동이의의 포인트는 오로지 의타기성 경우에서의 공유(空有) 융회(融會)[융통(融通)·회통(會通) 하는 것]에 있다. 그곳을 중심으로 보기로 한다. 만약 의타기성이 유(有)로, 연(緣)을 필요치 않는다면 상견(常見)이 되고, 무(無)가 되면 단견(斷見)이 된다는 논의의 연장으로,『오교장』에서 청변(淸辨) 등의 논의가 다음과 같이 나오고 있다.

묻는다. 만약 의타(依他)에 두 가지 뜻이 있음에 말미암은 까닭으로, 이 때문에 이전 시대의 여러 논사는 각각 하나의 뜻을 말해서, 의타를 융합 섭수하여 서로 어긋남이 없었다면, 어떤 까닭으로 후대의 논사, 청변 등과 같은 이들은 각각 하나의 뜻에 집착해서 서로 파괴하는가? (T45, 501a)

의타기성에 공(空)과 다르지 않은 유(有)의 측면과 유(有)와 다르지 않은 공(空)의 면의 두 가지 뜻이 있다는 사실을 말하는 것을 전제로 한 법장의 물음이다. 용수나 무착이 공(空)이나 유(有)를 설명해서 서로 융통하여 대립하지 않았다고 한다면, 왜 청변이나 호법 등이 공(空) 일변(一邊)[공(空)에 치우친 견해]과 유(有) 일변(一邊)[유(有)에 치우친 견해]을 주장하여 논쟁하는가 하는 물음이다.

답을 보자.

이는 곧 서로 성립시키는 것이지, 서로 파괴하는 것은 아니다. 왜냐하면, 말세의 유정(有情)은 근기가 점차 둔해져서, 의타는 이것이 그 유(有)의 뜻으로 설하는 것으로 듣고, 그것은 이 공(空)과 다르지 않은 유(有)가 된다고 통달하지 못했기 때문에, 바로 집착함으로써 이르는 바와 같은 유(有)라고 하는 것이다. 이런 까닭에 청변 등은 의타의 유(有)를 파괴해서 무(無)에 이르게 하는 것이다. 필경 무(無)에 이르러 이제 바로 그 의타의 유(有)를 얻게 되는 것이다. 만약 이 철저한 본성의 공(空)에 이르지 못한다면 바로 의타의 유(有)를 이룰 수 없는 것이다. 이런 까닭으로 유(有)를 이룩하기 위하여 유(有)를 파괴하는 것이다. (T45, 501a)

우선 청변의 의도를 설명한다. 청변이 "의타기성은 연기하는 것이며, 공(空)이다."라고 말한 것은 중생이 유(有)에 집착해서, 유(有)가 공(空)과 다르지 않은 유(有)라고 요해하지 못하므로, 유견(有見)을 파괴하기 위해서 공(空)이라고 설하는 것이며, 유(有)를 공(空)으로 깨뜨려서, "의타기성은 연기하는 것으로서 유(有)다."라는 견해를 성립시키려 하고자 한다.
다음으로 호법(護法)의 의도를 해설한다.

또 그들 유정이 의타는 필경 본성이 공(空)하다고 설하는 것을 듣고, 그것은 이들 유(有)와 다르지 않은 공(空)임을 통달하지 못하고, 그래서 바로 집착해서 이르는 바와 같은 공(空)이라고 하는 것이다. 이런 까닭에 호법 등은 그 이른바 공(空)을 깨뜨림으로써 환유(幻有)를 남긴다. 환유(幻有)를 세우기 때문에 바로 그 유(有)와 다르지 않은 공(空)을 얻는다. 만약 유(有)를 멸하면, 참된 공(空)이 아니기 때문이다. 이런 까닭에 공(空)을 성립시키기 위하여, 공(空)을 파괴하는 것이다. (T45, 501a)

여기서도 유정이 "의타기성은 연기하는 것이며, 공(空)이다."라고 듣고서, 그것이 유(有)와 다르지 않은 공(空)이라고 알지 못하고, 공(空)에 집착하므로, 호법은 그 사견(邪見)을 깨기 위하여 환유(幻有)를 설하여 공집(空執)을 깨뜨린다. 공(空)에 대한 바른 견해를 성립시키기 위하여 공(空)을 깨뜨린다는 것이 호법의 의도이다.

다음으로 법장 대답의 요약이다.

색(色)은 곧 공(空)임으로써 청변의 뜻은 성립한다. 공(空)은 곧 색(色)이라면 호법의 뜻은 존립한다. 두 가지 뜻은 녹아서 통해, 거체(擧體)가 온전히 거두어진다. 만일 후대의 논사가 두 가지 이(理)로써 서로 꿰뚫어, 전체(全體)가 서로 빼앗는 일이 없다면, 깊고 깊은 연기의 의타기성의 법을 나타낼 수 있을 까닭이 없는 것이다. 이런 까닭에 서로 파괴해서 도리어 서로 성립시키는 것이다. (T45, 501ab)

여기는 중요한 구절이므로, 가능한 한 평이하게 다시 말해 보자. '색(色)은 곧 공(空)이다'와 '공(空)은 곧 색(色)이다'는 『반야심경』의 유명한 한 부분이다. 그것을 사용하여 전자에 의해 청변의 뜻이 성립하고, 후자에 의해 호법의 가르침이 존재한다고 한다. 공유(空有)의 두 가지 뜻은 융합하여, 서로 전체적으로 감싼다. 만약 청변과 호법 두 사람의 공유(空有)의 두 가지의 이론이 서로 모순 없이 융합해 어우러지고, 서로 상대의 입장을 빼앗는 것이 없을 정도로 융화해야만, 깊은 연기의 도리, 곧 삼성에 있어서 의타기성의 뜻은 성립하는 일이 없다고 한다.

이 한 토막에 삼성동이의를 의리분제의 맨 처음에 갖고 온 법장의 의도는 곧 다 나온다고 해도 좋다. 왜냐하면, 뒤에서 십현문을 이야기할 때에, 상즉의 존재 방식은 이 공유의 교철(交徹)[일체화(一體化)]을 기초로 하기 때문이다. "유(有)와 다르지 않은 공(空), 공(空)과 다르지 않은 유(有)"라는 법장의 변증이 십현문 상즉의 기초가 된다. 체용론으로 말하면, 체의 측면이다. 다음으로 주로 용의 면에서 논의가 육의위인연기이다.

4
육의위인연기 – 상입의 기초

다음으로 「제9 의리분제」의 둘째 육의위인연기(六義爲因緣起)[연기인문육의법(緣起因門六義法)]로 나아간다. 이것은 유식교학에 나온 종자설(種子說)을 고쳐서, 특히 상입(相入)[관련(關連) 되다]의 기초이론으로서 재구축하는 의도를 가진다. 이 유식의 종자설에 의한 분별은 이미 스승 지엄이『화엄경탐현기』나『화엄오십요문답』에서 행한 것이다.

곧 진제 역『섭대승론』(T31, 115c 이하)에 나온 알라야식(ālaya) 가운데에 있는 종자의 여섯 가지 성격, 종자(種子)의 육의(六義)를 전용한 것이다. 지엄의 『수현기』「십지품석(十地品釋)」(T35, 66a), 또한 『오십요문답』「제43 여실인연의(如實因緣義) 명난품(明難品) 초석(初釋)」(T45, 531b)에 있어서, 나중에 법장의 해석에서 소개하는 것과 같은 분별이 원용되고 있다.

그러면 처음에 종자의 육의라는 것을 설명해 둔다. 지금은 『성유식론』(T31, 9b)의 설명에 근거한다.

첫째는 찰나멸(刹那滅)의 뜻이다. 종자란 알라야식 속에 존재하고, 거기에서 제7 말나식(末那識)[자아식(自我識)]이나 육식(六識)이 전개하고, 또한 구체적인 행동[현행(現行)]이 생기고, 그 현행은 또한 종자에 훈습(熏習)해 돌아가고, 종자는 다시 알라야식 가운데로 한층 성숙을 계속한다.[자류상속(自類相續)] 이러한 까닭으로 종자는 무상 생멸(無常生滅)하는 것, 찰나 찰나에 변화하는 성격의 것으로 없어지는 것은 아니다. 견고한 것이라면 자재하게 현행하거나, 훈습을 받거나 할 수 없기 때문이다.

둘째로 과구유(果俱有)라는 뜻을 설명한다. 종자는 원인적인 것이지만, 현행의 과(果)와 동시에 존재할 수 있는 것이지 않으면 안 된다.

셋째로 항수전(恒隨轉)의 뜻을 설명한다. 이것도 인과(因果)의 존재 방식이지만 이것은 동시적인 인과 경우의 종자의 성격이 아니라 알라야식 가운데서 종자가 시간을 걸쳐서, 이시적(異時的)으로 성숙하는 때에 종자는 항상 성격을 변하지 않고 자류(自類)로 상속하는 것이지 않으면 안 된다.

넷째로 성결정(性決定)의 뜻이다. 이것은 종자가 그렇게 간단하게 성격을 바꾸는 것이 아니라 선(善)은 선(善), 불선(不善)은 불선(不善), 무기(無記)는 무기(無記)와 같이 인(因)과 과(果)가 같은 종류로 서로 관계하는 성질을 필요로 한다.

다섯째는 대중연(待衆緣)이라고 한다. 종자는 인(因)이지만, 다른 모든 연(緣)의 힘을 빌리지 않고서는 결과를 가져올 수 없다. 바라문교(婆羅門敎)처럼 대자재천(大自在天)이라는 것과 같은 신(神)이 자유자재하게 무언가를 일으키거나, 또한 만물이 전적으로 무질서한 자연성이라고 하는 무인론(無因論)은 아니기 때문이다. 연기(緣起), 인연(因緣)의 사상은 종자론도 결정론도 아닌, 갖가지 연(緣)에 의해서 사물이 이루어진다고 생각한다.

마지막의 여섯째는 인자과(引自果)라는 뜻이다. 이것은 성결정에 가깝지만 결과 쪽에 중점을 두고 이 뜻을 세운다. 종자의 결과는 자신의 성격을 충실하게 반영해 나가는 것이다. 색법(色法)은 색법을 결과로 하고, 선(善)의 심법(心法)은 선의 심법을 결과로 하고, 불선(不善)이나 무기(無記)도 마찬가지이다.

이 『성유식론』에 있어서 종자의 육의를, 법장은 법계연기 상입(相入)의 기초로서 받아들인 것이다. 본래의 유식사상이라면 삼성은 알라야식의 실천적인 기초이론, 오히려 작동이요, 종자설은 알라야식의 본질을 이루는 것이지만 법장에게서는 삼성이 체(體)의 공유(空有), 종자설이 용(用)의 유력(有力)·무력(無力)의 논의로 전개한다. 전체로서는 대승시교에 속하는 유식설을 대승종교 수준의 여래장연기의 사상으로 변용시키고, 그것을 원교의 십현문 법계연기설의 기초로 하려는 것이다.

그러면 법장의 인문육의를 살펴보도록 하자.

첫째로 찰나멸은 공(空) 유력(有力) 부대연(不待緣)이라고 한다. 인(因)이 공(空)이지만, 역용(力用)은 있어서, 연(緣)을 기다리지 않고 자연히 결과가 나오는 상황이다. 예를 들어 전념(前念)의 마음이 후념(後念)의 마음을 결과로 하는 것과 같은 것이며, 찰나의 무상성(無常性)이 자연히 다음 찰나 마음의 원인이 된다.

둘째로는 과구유의 뜻을 공(空) 유력(有力) 대연(待緣)이라고 한다. 인(因)은 무자성(無自性)이지만, 역용(力用)을 기다리고, 또한 연(緣)을 필요로 한다. 예를 들어 세 개의 나무가 서로 떠받치고 있는 것과 같은 것이다. 어느 나무도 무자성이지만, 다른 것을 떠받치는 힘을 기다리고 있다. 하지만 스스로 서기 위해서는 다른 두 나무의 지탱이 필요하다. 이것은 동시의 인과관계로서 말할 수 있는 것이다.

셋째는 대중연을 공(空) 무력(無力) 대연(待緣)이라고 한다. 이것은 인(因)이 무자성(無自性)이며, 또한 역용(力用)도 없는 것으로, 결과가 나오기 위해서는 전면적으로 제연(諸緣)에 의하지 않으면 안 된다. 이것은 연기(緣起)로서는 극히 자연스러운 일이다. 만물이 그렇다고도 할 수 있다.

넷째는 성결정으로 유(有) 유력(有力) 부대연(不待緣)이라고 부른다. 이것은 인(因)의 힘이 가장 강하다. 예를 들어 볍씨가 있는 것만으로는 도저히 가을의 열매, 쌀을 얻을 수는 없기에, 거기에는 여러 가지 연(緣)의 힘이 필요하다. 하지만 그래도 볍씨가 없으면 쌀은 생길 수가 없는 것도 사실이기 때문에, 볍씨의 존재가 쌀이 생길 때까지의 가능성을 모두 갖추고 있다고도 할 수 있다. 연기(緣起)의 취지에서 보자면, 이러한 가능성을 논해도 무의미한 것이지만, 뒤에서 말하는 동체(同體) 연기에서는 이 부대연이 큰 의미를 갖게 된다.

다섯째는 인자과의 뜻이다. 이것을 유(有) 유력(有力) 대연(待緣)이라고 한다. 이것은 인(因)이 실체(實體)를 지니고, 또한 작용도 있지만, 결과가 성취되기 위해서는 여러 가지 연(緣)을 빌려야 한다는 것으로, 앞의 법씨가 원만하게 쌓이 되는 구체적인 상황은 이 모습일 것이다. 제3의 공 무력 대연으로도 말할 수 있지만, 불교의 연기가 가장 책임 있는 존재를 이렇듯 원인으로 인정하지 않는 것도 아니다. 무아(無我)라고 해도, 구체적 자기는 자기 책임을 완수하지 않으면 안 되는 경우도 있다. 전면적으로 '타력(他力)'이라면 제3의 공 무력 대연이지만, 자업자득(自業自得)의 세계도 있기에, 이 유(有) 유력(有力) 대연(待緣)은 인정해도 좋을 것이다.

마지막 여섯째로는 항수전이지만, 이것을 유(有) 무력(無力) 대연(待緣)이라고 한다. 그 자체로서는 존재해 있지만 작용이 없는 것으로, 여러 가지 연(緣)을 빌리지 않으면 안 된다. 우리가 태어나서 갓난아기 때는 바로 이 상태이며, 또한 노인이 되어서 돌봄을 받게 된다면 다시 이 사태가 될 것이다. 우리는 살아 있는 한, 여러분의 도움을 받아 생활하고, 생명을 항상 상속해 나가지 않을 수 없다.

5
십현연기무애법 – 연기인분

다음으로 「제9 의리분제」의 세 번째, 십현연기무애법(十玄緣起無礙法)[십현연기무애법문의(十玄緣起無礙法門義)]에서는 맨 처음에 다음과 같이 말한다. 이것은 『화엄오교장』 「제1 건립승」의 첫머리(T45, 477a)와 같은 취지이다.

대저 법계연기는 곧 자재롭고 무궁한 것이다. 지금은 중요한 문으로써 대략 거두어서 두 가지가 된다. 첫째로는 구경(究竟)의 과증(果證)의 뜻을 밝힌다. 바로 십불(十佛)의 자기 자신 경계이다. 둘째로는 연(緣)에 따라 인(因)과 관련시키면서 교의(敎義)를 변별한다. 바로 보현(普賢)의 경계이다. 처음의 뜻은 원융(圓融) 자재(自在)하여, 일(一)은 곧 일체(一切), 일체(一切)는 곧 일(一)이어서, 그 상황을 설할 수가 없다. 『화엄경』 가운데의 구경과분(究竟果分), 국토해(國土海) 및 십불(十佛)이 그 자체로 서로 융합해 있다는 뜻과 같은 것이 곧 그 일이다. 인다라(因陀羅) 및 미세(微細) 등을 논의하지 않는다. 이것은 설할 수가 없는 뜻에 해당한다. 무엇 때문인가? 교(敎)와 상응되는 것이 없기 때문이다. 『십지경론』에서 말하는, "인분(因分)은 설할 수 있어도, 과분(果分)은 설할 수가 없다."고 하는 것이 바로 그 뜻이다.

(T45, 503a)

비로자나불은 과분(果分) 그 자체로서 깨달음의 경지이며, 그것은 말로써 설명할 수 없는 불가설의 경계이다. 다만 보현보살의 말에 의한 세계를 통해서 비로자나불의 세계를 엿보아 안다고 하는 가설의 세계가 있다. 그것이 연기인분(緣起因分)이며, 이제부터 설시하는 법계연기의 세계이다. 그러면 그 세계를 보자. 먼저 법계연기의 기초론으로서, 십전(十錢)의 비유가 보이지만, 그 또한 기초의 기초로서 이체(異體), 동체(同體), 상즉(相卽), 상입(相入)의 정의가 주어져 있으므로, 거기를 보자.

6
법계연기의 기초 – 동전 열 개를 세는 비유

　연기인분(緣起因分)은 십전(十錢)을 세는 비유와 실제로 십현문(十玄門)을 설시하는 법설(法說)로 나뉜다. 이 항에서는 전자를 다루고, 후자는 제5장에서 해설한다. 이 십전의 비유는 의상의 『화엄일승법계도』에 나와 있다. 그것을 법장은 참조하지만, 설명법은 다르다. 또한 원래 지엄이 설시한 것으로 생각되지만, 현존의 저작에는 나와 있지 않다.

　『화엄오교장』에는 십전을 세는 데 앞서 총론적인 해설이 있으므로, 그것을 인용해 기본적인 지식을 얻자.

> 이 가운데는 두 가지가 있다. 첫째는 이체(異體), 둘째는 동체(同體)이다. 이 두 가지 문이 있는 까닭은 모든 연기문(緣起門)의 안에 두 가지 뜻이 있기 때문이다. 첫째는 서로 연유(緣由)하지 않는 뜻이다. 스스로 덕(德)을 갖추고 있는 까닭이다. 인(因) 속의 부대연(不待緣) 등과 같은 것이다. 둘째는 상유(相由)의 뜻이다. 대연(待緣)과 같은 것이다. 처음의 것이 곧 동체이고, 뒤의 것은 곧 이체이다. (T45, 503b)

　여기서 법장은 앞서 본 육의위인연기(六義爲因緣起)[연기인문육의법(緣起因門六義法)]에 나와 있던 부대연(不待緣)과 대연(待緣)을 동체(同體)와 이체(異體)에 맞춰 끼운다. 동체란 스스로 덕을 갖춘다고 하지만, 이것만으로는 잘 알 수 없다. 동체에 대해서 『화엄경탐현기』에서는 '호변상자의(互遍相資

義’라고 한다. 서로 상조(相助)하는 의미이지만, 여기서는 어떤 것도 일연(一緣)이 다연(多緣)에 응한다. 한 개의 것이 자기 자신도 포함해서 모든 것을 포함한다고 한다. 또 『탐현기』에서는 이체를 '제연각이의(諸緣各異義)'라고 부르고, 모든 연(緣)이 각기 자신의 일(一)을 지키는 것이라고 한다. 일체의 사물이 하나하나, 일연(一緣) 일연(一緣)인 것을 말한다.

다시 『오교장』으로 돌아간다. 앞에 이어지는 부분을 인용해 보자.

이체(異體) 가운데로 나아가면, 두 가지 문이 있다. 첫째는 상즉(相卽), 둘째는 상입(相入)이다. 이들 두 가지 문이 있는 까닭은, 모든 연기(緣起)에는 다 두 가지 뜻이 있기 때문이다. 첫째는 공(空)과 유(有)의 뜻이다. 이것은 자체(自體)에서 본 것이다. 둘째는 역(力)과 무력(無力)의 뜻이다. 이것은 역용(力用)에서 본 것이다. 처음의 뜻에 말미암아서 상즉을 얻고, 뒤의 뜻에 말미암아서 상입을 얻는다. (T45, 503b)

이것으로 논의의 말은 갖추어졌다. 앞의 삼성동이의(三性同異義)에서 논의했던 공유(空有)가 자체에 관해서 상즉(相卽)을 논한 것과 관련되고, 연기인문육의법(緣起因門六義法)에서 제시된 유력(有力)과 무력(無力)이 기용(機用)의 입장에서 상입(相入)을 논하는 키워드가 되는 사실을 알았다. 어떻게 되면 상즉이 되고, 상입이 되는지가 자타(自他)를 테마로 설명된다.

처음 가운데서 자(自)가 만약 유(有)일 때는, 타(他)는 반드시 무(無)인 까닭으로, 타(他)는 자(自)에 즉한다. 무엇 때문에 그러한가? 타(他)는 무성(無性)

이기 때문에, 자(自)가 짓는 것이기 때문이다. 둘째는 자(自)가 만약 공(空)일 때는, 타(他)는 반드시 유(有)이기 때문에, 자(自)는 타(他)에 즉한다. 무엇 때문에 그러한가? 자(自)는 무성(無性)이기 때문에, 타(他)가 짓는 것이기 때문이다. 둘의 유(有), 둘의 공(空)은 각각 함께할 수 없으므로, 그것은 상즉하지 않을 수 없는 것이다. 유(有)가 무(無), 무(無)가 유(有), 두 가지는 없기에, 이런 까닭에, 항상 상즉한다. (T45, 503b)

상즉과 상입에 대해서, 자타(自他)라는 개념을 써서 설명한다. 자(自)가 공(空)인 때는 타(他)는 유(有)이며, 자(自)가 유(有)인 때는 타(他)가 공(空)이어야 상즉(相卽)이 성립한다고 한다. 양자가 공(空)이거나, 양자가 유(有)인 때는 상즉하지 않는다.

이 양자가 공(空)인 때는 상즉하지 않는다는 논의에 대해서는 다른 의견도 나올 것이다. 일체개공(一切皆空)이어야 상즉이 있다고 하는 논자도 있을 것이다. 하지만 여기는 법장의 규칙에 따를 수밖에 없다. 상입도 마찬가지이다. 자(自)가 유력(有力)이거나, 타(他)가 무력(無力)인 때에 타(他)는 자(自)에 상입한다. 자(自)가 무력(無力)이거나, 타(他)가 유력(有力)인 때에 자(自)는 타(他)에 상입한다. 양자가 유력(有力)이거나, 양자가 무력(無力)인 때는 상입은 성립하지 않는다. 결국 양자가 유력(有力)이면 싸움이 된다고 생각하고, 양자가 무력(無力)이면 애당초 관계를 갖지 못할 것이다.

7
이체문의 상입과 상즉

법장의 『화엄오교장』에서는 이체문(異體門)에서 동체문(同體門)으로 논의가 나아간다. 의상에게서는 두 문에 분별은 없다. 상입(相入)과 상즉(相即)이 나타날 뿐이다. 여기서 이체와 동체를 세우는 의도는, 법장이 동체를 중시하여, 중중무진(重重無盡)의 일즉일체(一即一切), 일체즉일(一切即一)의 연기를 구축하기 위해서이다.

왜 법장은 이체·동체를 논의함에 있어서 동전 열 개를 세는 비유를 내놓은 것일까? 이 비유의 존재로 오히려 이해가 곤란하게 되는 것 같기도 하다. 그런데도 적극적인 이유를 말하면, 모든 것을 연(緣)으로 생각하는 경우, 이 모든 연(緣)의 등동성(等同性), 가치가 같은 본연의 상태를 나타내기에는 십전(十錢)의 비유는 뛰어나다고 할 수 있을 것이다. 다만 비유라고 하는 것 치고는 추상도가 너무 높아서, 논의가 말썽이 많고 시끄러운 일이 되기도 한다.

맨 처음에 이체문(異體門)의 상입(相入)을 보자. 우선 일전(一錢)에서 십전(十錢)까지 센다. 어째서 십(十)에서 멈추는가 하면 십을 만수(滿數), 일체(一切)라고도 다(多)라고도 표현하는 대신에 십의 경우에서 한 구획을 짓기 때문이다. 논의를 단순화하기 위해서라고도 할 수 있다. 우선 일에서 십까지 세는, 위로 향하여 세는 경우부터 인용하자.

먼저 상입(相入)을 밝힌다. 처음에 위로 향하여 세는 것에 열 가지 문이 있다. 첫째는 일(一)은 본수(本數)이다. 무슨 까닭으로 그러한가? 연(緣)에 의해서 이루어지기 때문이다. 내지(乃至) 십(十)이란 일(一) 속의 십(十)이다. 무슨 까닭으로 그러한가? 만약 일(一)이 없으면 바로 십(十)은 이루어지지 않기 때문이다. 곧 일(一)에 전력(全力)이 있어서, 그러므로 십(十)을 거두는 것이다. 그러니 십(十)은 일(一)이 아니다. 나머지 아홉 가지 문도 역시 이처럼, 하나하나가 모두 십(十)을 가지고 있다. 예에 준하면 알 수가 있다. 아래로 향하여 세는 것에도 또한 열 가지 문이 있다. 첫째는 십(十)은 바로 일(一)을 거두어들인다. 무슨 까닭으로 그러한가? 연(緣)에서 이루어지기 때문이다. 말하자면 만일 십(十)이 없다면 바로 일(一)은 성립하지 않는다. 그러므로 곧 일(一)은 전무력(全無力)이니, 십(十)으로 돌아가는 것이기 때문이다. 그러니 일(一)은 십(十)이 아니다. 나머지 예도 그러하다. (T45, 503bc)

일(一)은 기본이 되는 것으로 본수라고 부른다. 뒤의 문답에서, 일(一)은 "자성(自性)의 일(一)"은 아니고, "연성(緣成)의 일(一)"인 것을 강조하고 있다. '내지(乃至)'의 부분을 친절하게 말하면, '일(一) 속의 이(二)' '일(一) 속의 삼(三)' 등이 되고, 마지막이 '일(一) 속의 십(十)'이 된다. 일(一)이 전유력(全有力)이므로, 다른 것이 전무력(全無力)이기 때문에, 다른 모든 것이 일(一)에 상입한다. 향하(向下)란, 십(十)에서 일(一)까지 센다고 하는 것이다. '십(十) 속의 구(九)', '십(十) 속의 일(一)'로, 이번에는 십(十)이 전유력(全有力)으로 일(一) 등은 전무력(全無力)이 되므로, 이에 상입이 성립한다.

이것을 무언가의 비유로 제시하는 일은 어렵다. 이 이체문의 상입에 있어서 일(一)은 첫 번째 동전, 말하자면 서수적(序數的)인 세계를 이야기하고 있다고 생각한다. 예를 들어 동전 열 개를 가로 일렬로 늘어놓고, 왼쪽에서 오른쪽으로 센다고 하자. (일원짜리 동전 열 개를 늘어놓고 상상해주시면 좋겠다.) 같은 동전 하나여도 왼쪽에서 첫 번째 동전, 내지 열 번째 동전을 지명하지 않으면 안 된다. 그러한 세계이다. 첫 번째 동전을 기준으로 했을 때, 열 번째 동전까지가 지정되고, 두 번째 동전 이하는 첫 번째 동전의 본수(本數) 앞에서 무력(無力)이 되어서 수습된다. 두 번째 동전이 자신도 첫 번째 동전이 되고 싶다고 유력(有力)을 주장하면, 서열은 무너진다. 십(十)에서 거꾸로 열 번째 동전, 아홉 번째 동전, 내지 첫 번째 동전으로 아래로 향하여 세는 경우도, 이번에는 열 번째 동전을 기준으로 해서, 그것을 유력(有力)으로서 다른 몇 번째 동전일지라도, 그 자리를 지켜서 열 번째 동전에 상입하는 관계를 가진다. 이렇게 해서 이체문에서는 덧셈도 뺄셈도 가능하게 되고, 돈 계산을 할 수 있다.

다음으로 이체문(異體門)의 상즉(相卽)을 보자. 여기도 위를 향하여 세는 것과 아래를 향하여 세는 두 가지 문이 있다.

처음의 이체문(異體門) 속에서 즉(卽)의 뜻이란, 이 가운데에 두 가지 문이 있다. 첫째는 위로 향하여 간다. 둘째는 아래로 향하여 온다. 처음의 문 가운데에 열 가지 문이 있다. 일(一)은 일(一)이다. 무슨 까닭으로 그러한가? 연(緣)에서 이루어지기 때문이다. 일(一)은 곧 십(十)이다. 무슨 까닭으로 그러한가? 만약 일(一)이 없다면 곧 십(十)이 없기 때문이다. 일(一)은 유체(有體)이고, 나머지는 다 공(空)이기 때문이다. 그러므로 이 일(一)은 곧 십(十)이다. 이처럼 위로 향해, 내지, 제10까지 모두 각각 앞과 같이 준하여

알아야 한다. 아래로 향한다고 하는 것도 또한 열 가지 문이 있다. (T45, 503c-504a)

여기서도 일(一)에서 십(十)으로의 향상(向上)과 십(十)에서 일(一)로의 향하(向下)가 설해진다. 여기도 이체문이므로, 첫 번째 동전이라고 말하는 것과 같은 서수적인 명명의 세계를 말하는 것이다. '일즉십(一卽十)'이란 첫 번째 동전이 유(有)이므로, 두 번째 동전 이하가 모두 공(空)이므로, 마지막에는 "첫 번째 동전이 곧 열 번째 동전"이라고 하는 것이다. 여기는 상즉이기 때문에, 유(有)인 첫 번째 동전은 완전히 두 번째 동전 이하를 삼켜버린다. 역으로 열 번째 동전에서 아래로 향할 때는, 열 번째 동전이 유체(有體)이므로, 내지 첫 번째 동전 등은 공(空)이므로, 첫 번째 동전 등은 완전히 열 번째 동전 앞에서 자취를 감춘다.

이것들은 동전 열 개를 사용한 비유이지만, 이후 십현문의 법설 논의를 할 때에, 이 십전(十錢)에 의한 설시가 거꾸로 이해하기 쉽게 된 점은 인정해도 좋다. 또 앞서도 말했듯이, 이체문은 잠정적이기는 하나, 십전을 가로로 늘어놓고 왼쪽에서 오른쪽으로, 첫 번째 동전에서 열 번째 동전으로 명명하는 서수의 세계라고 생각할 수 있다. 각자는 이름을 짊어진 하나의 동전으로서 개별적으로, 각각 다르게 존재하면서 그 위에서 상입이나 상즉의 관계를 가지고 있다.

이에 비해서 다음의 동체문은 정수(整數), 곧 영(零, zero)도 의식하면서 일(一)에서 이(二) 내지 십(十), 혹은 무한(無限)으로까지 이르는 수학의 체계를 기초로 하고 있다. 정수는 마이너스 개념도 포함하지만 여기서는 그것은 시야에 넣지 않는다. 동체문에서도 이체문과 같이 '일즉십(一卽十)'이라고 하지만, 동체문에서는 제1, 제10 등의 서수는 어울리지 않는다. 그렇지 않고 벌거숭이 일(一)이다. 맨몸의 일(一)은 명명된 제1, 제10 등의 세계 이상으로 복잡한 논리적인 전개를 보인다.

8
동체문의 상입과 상즉

그러면 동체문(同體門)으로 간다. 우선 기본이 되는 논의를 보자. 여기서는 일(一)은 일(一)이지만, 십(十)이 어떤 경우에는 '다(多)'로 되어 있는 것이 주목된다. 앞 절의 맨 마지막에서 말했듯이, 이체문에서는 제연(諸緣)은 각각 다르고 독립해 있으므로, '다(多)'라고 하는 집합 개념은 사용할 수 없다. 확실히 이체문에서도 전원집합(全員集合)이라고 할 수 있지만, 그것은 이체문이므로 말뜻이 모순된다. 이체문은 제각기 다른 모양인 것에 주안점이 있다. 그것에 비해서 동체문은 『화엄경탐현기』에서 '호변상자의(互遍相資義)'라고 했듯이 하나의 연(緣)이 자신도 포함해서 다른 모든 연(緣)과 어떻게 관계해 어우러지는가를 제시하는 것이다. 이 '다(多)'의 개념은 '일(一)'도 포함한 '다(多)'인 것을 미리 전제하고 있다.

『탐현기』에서는 '자일(自一)'과 '다일(多一)'의 대응이 있지만, 이 자일은 다일에 포함되고 또한 자일이 다일을 포함하는 관계가 동체문이다. 논의는 복잡하게 된다. 이체문일 때의 십전(十錢)과 실체(實體)는 변하지 않는 열 개의 동전이지만, 이체문의 경우는 어쩌면 '고작 일전(一錢)'인지도 모르겠지만, 이 동체문에서는 '그렇기는 하지만 일전(一錢)'의 세계가 열리고 있다. 아니, 그것은 정확하지 않다. 이미 이체문의 세계에서도 '고작 일전, 그렇기는 하지만 일전'의 세계가 있지만, 그것은 뒤에서 제시한다. 어쨌든, 하나의 동전 알을 얕볼 수 없는 세계가 열려 간다.

그러면 기본적인 동체문의 설시를, 앞과 마찬가지로, 이번에는 향상과 향하로는 말하지 않지만 일(一)과 다(多), 다(多)와 일(一)의 양쪽으로 논하고 있으므로 인용해 보자. 맨 처음에 동체문의 상입부터 보도록 하자.

둘째로 동체문(同體門)이란, 역시 두 가지 뜻이 있다. 처음은 일(一) 가운데의 다(多), 다(多) 가운데의 일(一)이다. 둘째는 일(一)이 곧 다(多)이고, 다(多)가 곧 일(一)이다. 처음 문 가운데에 둘이 있다. 첫째는 일(一) 가운데 다(多)이다. 둘째는 다(多) 가운데 일(一)이다. 처음에 일(一) 가운데의 다(多)란, 열 가지 문이 있는데 같지 않다. 일(一)은 일(一)이다. 무슨 까닭으로 그러한가? 연(緣)에서 이루어지기 때문이다. 이것이 본수(本數)이다. 일(一)이 안에 바로 십(十)을 갖추고 있다. 무슨 까닭으로 그러한가? 이 일전(一錢)의 자체(自體)는 이것이 일(一)이기 때문에, 또한 이(二)와 함께 일(一)을 만들기 때문에, 곧 이(二)의 일(一)이 된다. 내지(乃至), 십(十)과 함께 일(一)을 만들기 때문에, 곧 십(十)의 일(一)이 된다. 이런 까닭에 이 일(一) 안에 바로 스스로 열 개의 일(一)을 가지고 있는 것이 된다. 따라서 일(一)은 십(十)이 아니다. 아직 이것이 [상]즉문에 있지 않기 때문이다. 처음의 일전(一錢)은 이미 그렇다. 나머지, 이(二), 삼(三), 사(四), 오(五) 이상의 아홉 가지 문 가운

데도 다 각각 이와 같으니 예에 준해서 알아야 한다. (T45, 504b)

이것이 동체문의 일(一)에서 다(多)로 향하는 논의이다. 동체상입(同體相入)이다. 핵심은 일(一)의 본수가 열 개의 일(一)을 갖추고 있다는 것이다. 그것이 유력(有力)[일(一)], 무력(無力)[십(十)]의 관계이기에 상입하는 것이고, 동체라고 하더라도, 일(一)과 십(十)의 구별은 확실히 되어 있다. 다(多)에서 일(一)로 향하는 논의는 생략한다.

다음으로 동체문(同體門)의 상즉(相卽)에 대해서의 논의를 보자. 여기는 웬일인지 다(多)가 아니라 십(十)과 일(一)로 논의한다. 여기도 일(一)에서 십(十)의 논의만을 인용한다.

둘째는 일(一)이 곧 십(十), 십(十)이 곧 일(一)로써, 역시 두 가지 문이 있다. 첫째는 일(一)은 곧 십(十)이다. 또한 열 가지 문이 같지 않다. 일(一)은 일(一)이다. 무슨 까닭으로 그러한가? 연(緣)에서 이루어지기 때문에, 일(一)은 곧 십(十)이다. 무슨 까닭으로 그러한가? 이 십(十)의 일(一)은 곧 처음의 일(一)에 말미암기 때문에, 별다른 자체(自體)가 없기 때문이다. 이런 까닭에 이 십(十)은 곧 이 일(一)이다. 나머지 아홉 가지 문은 모두 이와 같이, 이것에 준해서 알아야 한다. (T45, 504b)

동체상즉(同體相卽)이기 때문에, 자일(自一)과 다일(多一)이 서로 공유(空有)의 관계를 가진다. 일즉십(一卽十)이란 앞의 이체문이라면 첫 번째 동전과 열 번째 동전이라는 이름과 관련한 동전끼리의 관계였지만, 여기서는 그런

일은 없다. 일전(一錢)이 그 일전 자체로 십전(十錢) 전체와의 관계로서, 본연의 일전(一錢)과 다전(多錢)의 관계이다. 동체문에서는 자일(自一)이 다일(多一)을 포함하고 다일(多一)이 자일(自一)을 거둔다고 한다. 이것은 실제의 돈으로 말하면, 이체문이 돈 계산에서 시작하는 세계라고 한다면, 이 동체문은 돈의 본질론이다. 결국 백천억(百千億)의 돈이라고 하더라도 일전(一錢), 일엔(一円)을 기본으로 한다. 일전(一錢)은 자신도 포함하여 다전(多錢)의 존재를 짊어지고 있다. 여기도 '십즉일(十卽一)'의 방향은 해설을 생략한다.

9
새로운 비유의 제창 – 한 표의 비유

지금까지 법장의 십전(十錢) 비유와 같이했다. 솔직히 말해, 비유로서는 까다롭다. 지금 현실의 일본에서 유통되고 있는 일 엔짜리 동전 열 개를 앞에 두고서 이제까지의 논의를 추체험해 봐도 좀처럼 알았다고는 말하기 어려울 것이다. 도중에서도 말했듯이 이체문은 서수로서 첫 번째 동전, 두 번째 동전이라고 가리키는 것에 따라서 열 번째 동전에 도달한다. 그 첫 번째 엔과 열 번째 엔의 관계가 조금 전 일다연기(一多緣起)의 세계로서 전개하고 있었다.

동체문의 방면은, 정수(整數)로서의 문제일 것이다. 일 엔으로 말하면 첫 번째 엔이라고 이름 붙여지기 이전의 단위로서의 일(一)이다. 이 십전의 비유에서는 여러 번 '연성(緣成), 무성(無性)'이라고 법장이 연호해 왔던 것에서 엿보이는 연(緣)의 등동성(等同性)의 예시로서는 뛰어날 것이다. 모든 것을 연(緣)으로 보는 것이 불교 연기의 가르침이지만, 사사물물을 보아서는 그들 모든 연(緣)의 등동성은 보이지 않는다. 거기서 법장은, 십전에 의지해서 명확한 등동성에서 이체와 동체를 이야기하고, 그 가운데서 상즉과 상입을 논했다. 돈의 비유는 등동성이 지나쳐서, 우리에게는 이체와 동체가 잘 보이지 않는 면도 있다.

그래서 나는 현대판의 비유로 조금 도전해 보고자 한다. 십전의 비유와 같은 것을 말한다고 생각하지만, 만약 잘못되었다면 비판하여 정정해 주기 바란다. 지금, 가령 열 명으로 이루어진 국가가 있다고 하자. A부터 알파벳으로 J까지의, 인구 겨우 열 명의 나라이다. 그 나라의 이름은 무진국(無盡國)이다. 국제연합에도 가맹하고, 헌법도 가지고 있는 국민국가(國民國家)라고 하자. 따라서 나라의 대표자 ― 여기서는 수상(首相)이라고 불러 두자 ― 를 뽑지 않으면 안 된다. 입후보제(立候補制)도 있다고 하자. 열 명 전원이 선거인이자, 피선거인이기도 하다고 가정한다.

각각 열 명이 각기 한 표를 가진다. 이것은 이체문(異體門)에 해당한다. 전원에게 수상이 될 권리가 있다. 이체문의 상입(相入)은 열 명으로 국가를 형성해 가는 그 자체가 유력(有力), 무력(無力)의 관계로서는 상입(相入)이 되고, 공유(空有)의 관계로서는 상즉(相卽)이 된다. 그것은 마치, A가 무슨 일로 J의 상담에 응했다면, 이것은 훌륭한 상입의 관계일 것이다. 한편 만약 A가 자신의 이해를 버리고 나머지 아홉 명을 위해서 무언가 자발적으로, 표면에 나서지 않고 그늘에서 진력한다고 하자. 그것도 생명에 관련되는 것과 같은 일, 예를 들어 모든 식사의 준비는 A의 손에서 이루어지게 된다면 A가 유

(有), 모두가 공(空)이 되어 상즉적이라고 할 수 있을지도 모른다.

이야기를 되돌려, 수상을 뽑는 선거를 상정해 보자. 직접선거제이다. 입후보제가 있기에 전원이 입후보로서 전원이 자신의 이름을 쓸 가능성은 있다. 이래서는 수상은 정해지지 않는다. 그래도 선거 결과는 한 표라도 많은 상대 다수에 의해 결정되는 것으로서, 한 사람이 입후보하지 않아서 다른 입후보했던 아홉 사람 누군가에게 투표한다면, 예를 들어 B 후보가 두 표를 획득해서 다른 한 표밖에 획득하지 못한 후보자를 제치고, 경사스럽게 수상으로 선출된다. 또 한 사람만이 입후보해서, 다른 전원이 백지여서 한 표로 당선될 수도 있다.

그러면 후자에 의해서 뽑힌 수상은 기껏해야 한 표의 소유자이지만, 그렇지만 한 표인 수상으로서 동체 연기적으로 정책을 실행하지 않으면 안 된다. 선거공약을 내놓고, 무진국의 번영과 국민의 행복 실현을 위하여 정치에 노력하지 않으면 안 된다. 자신에게 거스르는 사람도 국민이다. 뽑힌 B 수상[이라고 하자]은 자신을 포함한 전원의 공복(公僕)으로서 정치 활동을 한다. 이것은 동체연기(同體緣起)의 세계이다. 자신과 의견이 다른 사람, 반대하는 사람, 자신을 무시하는 사람일지라도 소중한 무진국의 국민이기 때문에 소중히 전원의 행복을 생각하지 않으면 안 된다.

또한 B 수상은 국제적인 회의에 출석하는 일도 많지만, 그 경우는 단지 무진국의 대표자로서 자국의 의견을 말하는 것만으로 외교라고는 할 수 없다. 무진국에 적대하는 국가도 나오겠지만, 그 경우는 국제 교섭도 하지 않으면 안 된다. 그래서 B 수상은 J를 국제연합 대사로 임명한다. 국제연합은 국민국가 사이의 조정기관이기 때문에, J대사는 무진국의 이해만으로 움직일 수는 없다. 복잡한, 그야말로 중중무진의 복잡한 연기의 세계에서 자신의 임무를 수행하지 않으면 안 된다.

이렇게 B의 경우에도, J의 경우에도, 무진국민으로서는 나라의 일원으로서, 선거를 맞아서는 그저 한 표의 투표권밖에 갖지 못한, 고작 한 사람의 인간이다. 그 점에서는 이체문(異體門)에서 사는 사람이다. 물론 이체문에서 살아가더라도 상즉의 관계나 상입의 관계를 지니면서 갈등이나 융화의 세계에서 살아가지 않으면 안 된다. 그러나 그들이 나라를 대표하는 수상이나 국제연합 대사가 된 데에서 공사(公私) 양면의 얼굴을 지니게 된다. 여기부터는 싫든 좋든 동체문(同體門)의 세계에서 애쓰지 않으면 안 된다. 경우에 따라서는 책임을 지고 사임하는 일도 있을 것이다.

또 무진국이 민주제를 배척하고, 독재제로 되지 않는다고도 할 수 없다. C가 혁명을 일으키고 난데없이 '일인(一人) 독재제'를 펴서, 무진국을 멸진국(滅盡國)이라고 이름을 바꿀 수도 있다. 그렇다면 유(有) 유력(有力) 부대연(不待緣), 자신이 전유력(全有力)을 장악하여 모든 권한을 가지고 명령일하(命令一下), 즉결즉단(卽決卽斷)의 정치를 집행한다. 동체문의 상즉이나 상입은 이러한 체제를 가져올지도 모른다. 지금으로서는 한여름의 꿈으로서, 이쯤 한다. 마지막으로 한 번 더, '기껏해야 한 표, 그렇지만 한 표'라고 말하고 싶다. 이 한 표가 건전한 민주주의[이체문(異體門)]로 되는가, 독재제[동체문(同體門)]로 되는가, 어느 것도 될 수 있는 가능성을 숨기고 있다는 사실을 말하고 싶었을 뿐이다.

10
無盡에서 重重無盡으로

앞서 이체문의 상입과 상즉, 동체문의 상입과 상즉의 기본적인 틀을 보았다. 실은 이 두 가지 문 각각의 기본적인 논의에 더하여, 문답이 있고, 그 안에서 중요한 논의가 이루어지고 있다. 맨 처음의 이체(異體) 상입(相入)의 논의에서 '무진(無盡)'의 논의가 나오고 있다. 그리고 동체(同體) 상즉(相卽)에 이르면 '중중무진(重重無盡)' 혹은 '무진중중(無盡重重)'으로 전개된다. 그래서 무진을 중심으로 해서, 중중무진 혹은 무진중중에 이르는 논의를 조금 추적해 캐물어 보기로 하자.

의상의 『화엄일승법계도』를 보면, 첫머리의 '도인(圖印)' 가운데에 '이다라니무진보(以陀羅尼無盡寶)'(T45, 711a)라고 하고, 또한 "묻는다. 하나의 문 속에 십(十)을 거두고 다하는가? 답한다. 다하거나, 다하지 않는다."(T45, 714c) 등의 문답이 있고, 후자의 문답은 법장도 계승하고 있지만(T45, 503c), 법장이 연호하는 정도로 의상은 무진(無盡)을 말하지 않는다.

법장은 무진(無盡)을 강조하고 있다. 그 무진 논의는 맨 처음 이체문의 상입부터 나오고 있어 주목된다. 그 문답을 끌어와 보자.

묻는다. 이미 일(一)이라고 한다면, 어찌 일(一) 속에 십(十)이 있을 수 있는가? 답한다. 대연기다라니법(大緣起陀羅尼法)은, 만약 일(一)이 없으면 바로 일체(一切)는 이루어지지 않기 때문이다. 확실히 알라, 이와 같다고 이 뜻은 어떠한가? 이른바 일(一)이란, 자성(自性)의 일(一)이 아니다. 연성(緣成)

이기 때문에 일(一)이다. 이런 까닭에, 일(一) 속에 십(十)이 있음은, 이 연성(緣成)의 일(一)이다. 만약 이렇지 않다면, 자성(自性)이어서 연(緣)이 없다면, 일(一)이라고 부를 수 없게 된다. 내지, 십(十)이란 다 자성(自性)이 아니다. 연(緣)으로 이루어지기 때문이다. 이렇기 때문에 십(十) 가운데의 일(一)이란 이 연(緣)에 의해서 이루어진, 무성(無性)의 십(十)이다. 만약 이렇지 않다면, 자성(自性)이어서 연(緣)이 없다면, 십(十)이라고 부를 수 없게 된다. 이런 까닭에 모든 연기는 다 자성(自性)이 아니다. 무슨 까닭인가? 하나의 연(緣)을 멀리하면, 곧 모든 것은 이루어지지 않는다. 이런 까닭에 일(一) 속에 곧 다(多)를 갖춘다면, 바야흐로 연기(緣起)의 일(一)이라고 명명하게 된다. (T45, 503c)

일(一)도 십(十)도 연성(緣成)으로서, 무자성(無自性)이기 때문에 각각 독립된 일(一)과 십(十)으로, 이체문(異體門)이면서 상입(相入)이 성립하는 것을 말한다.

이체문(異體門) 상즉(相卽)에는 여섯 개의 문답이 있지만 무진(無盡)에 관련된 것은 없다. 동체문(同體門)이 되면 앞서 인용한 상즉과 상입의 설명이 끝난 후에 무진(無盡)의 이야기가 돌연, 갑작스럽게 나오고 있다.

아래 두 가지의 문답을 인용해 보자.

묻는다. 이 동체(同體) 가운데의, 일즉십(一卽十) 등이란, 단지 이 십(十)만을 거둔다고 할 것인가, 무진(無盡)을 거둔다고 할 것인가? 이것은 나란히 지(智)에 따라서 이루어진다. 십(十)을 수(須)하면 십(十)에 즉한다. 무진(無盡)

을 쓰면, 무진(無盡)에 즉한다. 이처럼 증감(增減)은 지(智)에 따라서 취한다. (T45, 504c)

여기서 '지(智)'라는 말이 나온다. 또 '수(須)'라는 말은 의상에 근거한다. 의상은 "수(須)란 연성(緣成)의 뜻이다."(『화엄일승법계도』(T45, 714c)라고 한다. 십(十)도 무진(無盡)도 연성(緣成)인 사실은 의심이 없지만, 그것이 '지(智)에 따른다'라고 하는 것은 어찌된 것일까? 이 지(智)에 대해서 의상의 언급은 없지만, 의상은 시종일관 '중도(中道)'를 강조하는 것이 눈에 띈다. 그에 비해서, 법장의 논의는 중도(中道)로 언급하지 않는다. 이 '지(智)'에 관한 법장의 논의는 이체문 상즉 가운데서 용례가 많은데, 그것을 보면 "불가설(不可說)의 과분(果分)에 대해서, 연기인분(緣起因分)을 말할 수 있는 지혜(智慧)"를 가리키는 듯하다. 이처럼 지혜(智慧)와 연기(緣起)의 이법(理法)이 대치되어 있다. 이 지혜는 지금 여기서 법장 자신의 지혜의 중요성을 말하고 있는 것처럼도 보인다. 그 지혜와 법계연기의 세계가, 또한 연성(緣成)의 세계[상호관계(相互關係)]를 형성하고 있다.

다시 다그치듯이, 다음과 같은 문답이 있고 동체문(同體門)의 논의는 중중무진(重重無盡), 일즉일체(一卽一切)·일체즉일(一切卽一)로 일사천리로 기울어 들어간다.

묻는다. 다만 스스로의 일문(一門)의 가운데에 무진중중(無盡重重)을 거둘 뿐이라고 하는가? 또한 나머지 이문(異門)의 무진(無盡)을 거둔다고 하는가? 답한다. 때로는 함께 거두고, 때로는 단지 스스로의 무진(無盡)을 거둔다. 무슨 까닭으로 그러한가? 만약 스스로의 일문(一門) 가운데의 무진(無盡)이 없다면, 나머지 일체(一切)의 문 속의 무진(無盡)은 다 이루어지지 않기 때문이다. 이런 까닭에 초문(初門)의 동체(同體)는 바로 동이(同異)의 두 문 가운데의 무진(無盡), 무진(無盡), 무진(無盡), 무진(無盡), 무진(無盡), 무진(無盡), 무진(無盡), 무진(無盡), 무진(無盡), 무진(無盡)을 거둔다. 그 원극(圓極)의 법계(法界)를 규명하여 거두어 다하지 못할 것이 없을 뿐. (T45, 504c)

여기서 동체(同體)의 세계는 끝나고 있다. 중중무진(重重無盡), 일즉일체(一卽一切)·일체즉일(一切卽一)의 세계는 원극(圓極)의 법계연기(法界緣起)로서 성립했다. 동전 하나, 일 엔짜리의 세계, 한 표의 사소한 세계가 아니다. 법장의 지혜는 자유자재한, 비약하는 세계를, 현대의 언어로는 일종의 가상현실(假想現實, virtual reality)의 세계를 만들어 냈다. 이제 다음 장에서 십현문의 법설을 살펴보도록 하자.

제5장

십현문의 법설

1
십의

『화엄오교장』「제9 의리분제」에서는 앞 장에서의 십전(十錢)의 비유에 의한 유설(喩說)을 받아서, 십현문(十玄門)의 법설(法說)이 시작된다. 그 십현문이 성립하는 기반은 물론『화엄경』 전체이다. 하나하나의 경문에 관해서 십현문의 가르침이 있지만, 그것을 하나하나 들어서 논의하는 것은 번잡해진다. 그 때문에 지엄도 법장도『화엄경』의 가르침 가운데서 이 점은 빼놓을 수 없다는 것을 열 가지로 정리한 십의(十義)를 내걸고 논의를 진행한다. 십의라고 하지만, 각 항목이 짝을 이루므로 십대(十對)라고 하는 것이 좋다. 여기서는 옛 형식을 가진 고십현이 기초가 되는 십의를 해설하고, 신십현과 그 십의(十義)[신십의(新十義)]는 항을 바꿔서 언급한다.

십의는 제1 교의(教義), 제2 이사(理事), 제3 해행(解行), 제4 인과(因果), 제5 인법(人法), 제6 분제경위(分齊境立), 제7 사제법지(師弟法智), 제8 주반의정(主伴依正), 제9 수생근욕시현(隨生根欲示現), 제10 역순체용자재(逆順體用自在)이다. 제5까지는 말끔히 짝을 이루고 있지만, 제6 이하는 어떤 경우는 두 짝이 한 항에 거두어지는 경우도 있다. 어쨌든『화엄경』의 가르침을 이 정도의 것으로 범주화한 것이다. 첫째의 '교의(教義)'인데, 이것은『화엄경』의 모든 능전(能詮)의 가르침이며, 또한 소전(所詮)의 의리(義理)라고도 할 수 있다는 것이다. 이것은 큰 묶음이다. 교의분제(教義分齊)라고도 하는, 화엄교학의 대표적인 범주론이다. 법장 자신의 설명으로 "일승(一乘), 삼승(三乘) 내지 오승(五乘) 등의 모든 교의를 거둔다."라고 한다. 다음의 이사(理事) 등도 마찬가지로, 이 "일승(一乘) 등 운운"의 입장에서 생각하게 된다.

　제2 '이사(理事)' 이하는 교의(敎義)에 비하면 한정된 범주가 된다. 사사물물(事事物物)의 본연의 모습이 제법의 모습이며, 법성(法性)의 이(理)와 대비된다. 제3의 '해행(解行)'은 지혜에 의한 이해와 수행의 대비이다. 제4의 '인과(因果)'는 수행의 인(因)과 깨달음의 과(果)의 대비이다. 제5의 '인법(人法)'은 중생과 가르침, 혹은 불보살과 그 가르침으로도 풀이할 수 있다. 제6부터는 복잡하지만, '분제경위(分齊境位)'란 수행목표가 경계이며, 그 수행의 결과가 행위가 된다. 행위(行位)는 십신위(十信位)라든가 십지위(十地位)라고도 한다. 제7의 '사제법지(師弟法智)'는 '사제(師弟)의 법지(法智)'로 풀이하지만, '사제(師弟)와 법지(法智)'로 끊느냐에 따라 의미도 다르다. 전자이면 스승의 법에 대한 지혜와 제자의 법에 대한 지혜가 된다. 후자에서는 스승과 제자, 가르침과 지혜의 대비가 된다. 제8의 '주반의정(主伴依正)'도 마찬가지로 주반(主伴)의 의정(依正)으로도, 주반(主伴)과 의정(依正)으로도 풀이된다. 전자가 되면 부처이건 보살이건, 주(主)에 의보(依報)[우리가 의지하는 과보(果報)의 세계]인 국토(國土) 등과 정보(正報)[우리의 과보 그 자체의 세계]인 주체(主體)가 있지만, 반(伴)인 표면에 나서지 않고 그늘에서 진력하는 반려(伴侶)에도 의정(依正)이 있어, 서로 관계를 맺는 것이 된다. 후자에서는 주된 자와 반려하는 것, 또한 의보와 정보가 서로 관계하는 것이 된다. 어느 것이나 전자의 해석이 타당한 것 같다. 다음으로 제9의 '수생근욕시현(隨生根欲示現)'이란, 중생의 기근(機根)의 여러 가지 원망(願望)에 응해서 불보살의 시현이 있다고 하는 것이다. 제10의 '역순체용자재(逆順體用自在)'에 대해서는 '역순(逆順)'만 설명한다. 역(逆)이란, 예를 들어 『화엄경』「입법계품(入法界品)」에 있어서 도행(道行)에 반하는 선지식이라고 일컬어지는 세 명의 사람과 같은 것이다. 선재동자(善財童子)가 법을 듣는 선지식 가운데서, 아홉 번째의 방편명바라문(方便命婆羅門)은 산꼭대기에서 불바다로 뛰어들라고 권한다. 열일곱 번째의 만족왕(滿足王)은 가혹한 정치를 펼쳤다. 또 스물다섯 번째의 바수밀다녀(婆須蜜多女)는 "나를 안으면 깨달음을 열 수 있다."고 말해서 놀라게 한다. 이들 선지식은 당초에는 이렇게 도(道)에 등지는, 반동적인 설법으로 선재를 이끌지만, 그들도 멋진 선지식인 것이다. 그러나 그들을 여기서는 '역(逆)'으로 부르고 있다. '순(順)'이란, 대부분의 수행이 도(道)에 수순했기 때문에 그렇게 말한다.

이처럼 『화엄경』의 가르침을 10조(組)의 범주로 분류하여, 여러 가지 양상이 있는 사실을 나타낸 것이 십의(十義)[십대(十對)]이다. 다음 항에서는 이들 『화엄경』 가운데서 십현(十玄), 열 가지 문의 심오한 연기, 법계연기의 세계가 있다는 사실을 제시한다. 이 십현문은 앞서 십전의 비유로 설한 것을 기초로 해서 이체와 동체, 상즉과 상입을 어떤 경우에는 단도직입적으로, 어떤 경우에는 양자를 관련지어서 설한다. 그 경우, 또한 여러 가지 각도에서 법계를 파악한다. 예를 들어 시간적으로는 동시(同時)·이시(異時), 공간적으로는 미세(微細)·광대(廣大), 현상적으로 은현(隱現)·순잡(純雜)·색심(色心) 등의 베리에이션을 제시한다. 그 양상을 하나하나 살펴보자.

2
제1 동시구족상응문

이것은 신십현(新十玄)[『화엄경탐현기』등에서 설한다]에서도 맨 처음에 나오는 것으로, 십현문을 대표하는 설시라고 할 수 있을 것이다. 다음과 같이 설하고 있다.

첫째로 동시구족상응문(同時具足相應門)이란, 이 위의 십의(十義)는 동시에 상응해서, 하나의 연기를 이룬다. 전후(前後), 시종(始終) 등과 차별이 있는 것이 아니다. 모든 것을 구족해서, 자재하게 역순(逆順)으로 참여해도 뒤섞이지 않고, 연기의 제(際)를 이룬다. 이것은 해인삼매(海印三昧)에 의해 병연(炳然)해서 동시에 현현(顯現)을 이루게 된다. (T45, 505a)

이것이 십현문의 총론이기 때문에 이하 9문의 모든 요소가 여기에 집약되어 있다고도 할 수 있다. 우선 동시성(同時性)이 말해지고 있다. 이시(異時)로는 안 되느냐는 질문이 있을 것이다. 이시의 문제는 뒤의 제8 십세격법이성문(十世隔法異成門)에서 알아본다. 다만 이시로 있어도 이체(異體)의 상입(相入)이나 상즉(相卽)이 성립해, 절대적 이시를 허락하는 것은 아니다. 전후로든 시종으로든, 다만 단독으로 이야기하는 세계는 아니다. 모두 하나의 연기, 법계연기의 세계 속에서의 위(位)이다. 그래도 전후나 시종은 현실에서는 존재하고, "역순(逆順)으로 참여해도 뒤섞이지 않고"라고 하듯이 앞이나 뒤, 시작이나 끝이, 또한 서로 관련지어, 앞에서 뒤, 뒤에서 앞, 처음에서 끝,

끝에서 처음이라는 것과 같이 순서 있게 왔다 갔다 한다. 누구는 앞에서, 누구는 뒤에서라는 것과 같이 순(順)과 역(逆)의 서열이 있고 서로 어울리면서도 잡란(雜亂)은 없고 연기의 실상을 드러낸다. 이것은 비로자나불의 해인삼매(海印三昧), 이른바 연화장장엄세계(蓮華藏莊嚴世界)의 바다로 상징되는 것과 같은 법계정인(法界定印)의 삼매 속에서, 역연하여 분명하게 드러난다.

3
제2 일다상용부동문

둘째로 일다상용부동문(一多相容不同門)이란, 이 위의 모든 뜻은 하나의 문 안에서라도, 곧 갖추어져 앞의 인과(因果)나 이사(理事)의 모든 법문을 거두어들인다. 그 처음 동전 속에 곧 무진(無盡)의 뜻을 거두는 것과 같이, 이것 또한 이와 같다. 그런데 이 일(一)이 속에 다(多)를 갖추고 있다고 해도, 또한 일(一)은 곧 그 다(多)는 아니다. 다(多) 속에 일(一) 등도, 위에 준하여 이를 생각하라. 나머지 하나하나의 문 가운데서 능히 다 이같이 중중무진(重重無盡)이다. (T45, 505a)

제2문이다. 일(一)과 다(多)가 상용(相容)하기 때문에, 상입문(相入門)이다. 다만 이체문도 동체문도 있다. 십의(十義) 가운데 '교의(教義)' 속의 한 가지 가르침이 다른 모든 뜻을 거둔다고 한다. 예를 들면, 십전의 비유에 있어서 첫 번째 동전이 널리 무진(無盡)까지를 거두는 것과 같은 것이다. 이번은 일

(一)과 다(多)는 구별이 있다. 그렇다면 이체문이 아닐까 생각하지만, 나중에 동체도 있는 것처럼 법장이 말하는 것은 이해하기 어렵다.

다음과 같은 『화엄경』 「노사나불품(盧舍那佛品)」의 경문을 인용한다.

하나의 국토로써 시방(十方)을 채우고, 시방을 하나에 넣으니, 또한 남는 바 없다. 세계의 본래 모습도 또한 파괴할 수 없다. 비길 데 없는 공덕 때문에 능히 이러하다. (T9, 414b)

하나의 불국(佛國)이 시방세계(十方世界)를 섭입하여, 어떤 것도 방해가 되는 것은 없다. 섭입(攝入)된 세계가 파괴되는 일은 없으니, 그것은 비로자나불의 비할 데 없는 공덕력(功德力)에 의한다고 한다. 그러한 일은 없을 거라는 것이 보통의 사고방식이지만, 『화엄경』의 세계에서는 하나의 털구멍에도 모든 부처가 존재한다고도 한다. 나의 존재가 전세계(全世界)를 거두어들이고 있다고도 할 수 있다. 그렇다면, 전우주(全宇宙)의 운명은 나의 어깨에 달려 있다는 것과 같은 자각도 갖지 않으면 안 된다. 도겐(道元, 1200-1253)의 스승, 여정(如淨,1163-1228)은 『보경기(寶慶記)』 가운데서 "여정(如淨)은 바로 불법(佛法)의 총부(總府)이다."라고 한다. 여정은 불법을 모두 담고 있는 창고와 같은 것이라고 자신의 가치를 피력한다. 그런 생각으로 불교도로서 살아가고 싶은 것이다. 이 부근의 마음가짐을 도겐은 어떻게 이해한 것일까? 도겐은 "정전(正傳)의 불법(佛法)"이라고 밖에 말하지 않는다. 여정은 "전전(全傳)의 불법(佛法)"이라고 할 것이다.

4
제3 제법상즉자재문

이제 제3문의 제법상즉자재문(諸法相即自在門)에 이르렀다. 여기는 법장이 가장 힘을 들이고 있는 곳이다. 여기서 동체 상즉문에 의한 신만성불(信滿成佛)을 설하기 위해서, 지금까지 노력해 온 것처럼 보인다. 바로 본문을 보자.

> 셋째로 제법상즉자재문(諸法相即自在門)이란, 이 위의 모든 뜻이 일즉일체(一即一切), 일체즉일(一切即一)해서 원융(圓融) 자재(自在)하게 걸림 없이 이루어진다. 만약 동체문(同體門) 가운데서 관련하면, 바로 스스로 구족하여 일체(一切)의 법(法)을 거두게 된다. 그런데 이 스스로의 일체는, 또한 스스로 서로 즉입(即入)해서, 중중무진(重重無盡) 무진(無盡)하기 때문이다. 그러면서 이 무진(無盡)은 모두 다 처음의 문 안에 있는 것이다. (T45, 505a)

이 상즉문은 주로 동체 상즉의 가르침이다. 해설의 여지도 없을 것이다. 여기에 "일즉일체(一即一切) 일체즉일(一切即一)"이 있다. 이 한마디는 앞에서 보았듯이 십현문의 첫머리에서 나와 있고, 그것도 설할 수 없는 십불(十佛) 자경계(自境界)의 설명이었기에, 지금은 인분(因分)을 설하는 것에 이 한마디가 나오는 것은 불가설한 세계도 설하고 있다고도 할 수 있을 것이다. 법장은 한계를 넘어 이 상즉문에서는 왕성하게 과분(果分)의 세계를 언급하며, 뒤에서 보듯이 과분의 해계(海界)에 몰입할 수 있다고까지 극언한다.

다시 문답이 이어진다.

묻는다. 위에서 과분(果分)은 연(緣)을 떠난 불가설(不可說)의 모습이라고
말하고 단지 인분(因分)만을 논한다고 함에, 무슨 까닭으로 십신(十信)의
종심(終心)에서 바로 작불(作佛)하여 과(果)를 얻는 법을 말하는가? 답한다.
지금 작불(作佛)이라고 하는 것은, 단지 처음의 견문(見聞)에서 이후, 내지,
제2 생에서 바로 해행(解行)을 이루고, 해행의 종심에서 인(因)의 위(位)가
궁만(窮滿) 하기는 하지만, 제3 생에 있어서 바로 그 구경의 자재하고 원융
한 과(果)를 얻게 된다. 이 인(因)과 체(體)는 과(果)에 의해서 이루어지기 때
문이다. 다만 인(因)의 위(位)가 가득한 자가 승진(勝進)해서, 바로 과해(果
海) 속으로 빠지게 된다. 이 증(證)의 경계가 되기 때문에 불가설(不可說)일
뿐이다. (T45, 505c)

법장도 과분(果分) 불가설(不可說), 인분(因分) 가설(可說)의 인과(因果) 경
계를 넘어선 자각을 갖고 있다. 여기서 견문위(見聞位)[가르침을 보고 듣는
첫 번째 삶], 해행위(解行位)[가르침을 실천하는 두 번째 삶], 증입위(證入位)
[정각(正覺)을 이루는 세 번째 삶]의 삼생성불(三生成佛)[세 번은 윤회 전생해
서 성불하는] 단계를 설명으로 더하는 것은, 법장도 '작불(作佛)'이 일초직
입(一超直入)의 성불이 아님을 보이며, 조급한 마음을 억제했음을 나타내고
있다. 그러나 증입(證入)의 때에는 "과해(果海) 속으로 빠진다."는 표현은 이
제 법장 자신이 불과위(佛果位)에 도달했다는 듯한 자신감을 나타낸다.
다음의 문답은 그 자신감이 정점에 달한 것이다.

묻는다. 위에서 일념(一念)으로 바로 작불(作佛)한다는 말은, 삼승(三乘) 속에 이미 이 뜻이 있다. 이것과 어떤 구별이 있는가? 답한다. 삼승은 이(理)로 바라다보고서, 일념에 바로 작불한다고 한다. 지금 이 일승(一乘)에서는 일념에 곧 모든 교의(教義), 이사(理事), 인과(因果) 등의 위와 같은 모든 법문을 구족하는 것을 얻게 된다. 또 모든 중생과 모두 다 동시(同時) 동시(同時)에 작불하고, 훨씬 훗날 능히 변별하고, 새롭게 미혹을 단절하고, 또한 학지(學地)에 머물지 않고서, 정각(正覺)을 이룬다. 십불(十佛)을 구족함으로써 무진(無盡)의 역순(逆順)의 덕(德)을 나타내기 때문이다. 또 인다라(因陀羅), 미세(微細), 구세(九世), 십세(十世) 등, 두루 모든 위계에 통한다. 이른바 십신(十信)의 종심(終心) 이후에 십해(十解) · 십행(十行) · 십회향(十廻向) · 십지(十地) 및 불지(佛地) 등은 동시에 두루 이루어, 전후(前後)가 있음이 없이, 일체(一切)를 구족(具足)할 따름이다. (T45, 506ac)

법장은 삼승의 일념성불(一念成佛)은 단순한 이념의 입장에서의 것이라고 단정한다. 나는 이 법장의 발언은 선종의 성불관을 염두에 둔 것이 아닌가 하고 생각하지 않을 수 없다. 그에 비해서 자신의 별교일승 성불관은 일념에 첫머리의 십의(十義), 이른바 『화엄경』의 가르침 전체가 담겨 있다고 한다. 거기에다가 모든 중생과 동시에 도를 이룬다. 즉좌(卽座)에서 능히 미혹을 끊어서, 그것은 단계적인 배움은 아니라고 한다. 또 다른 인다라미세경계문(因陀羅微細境界門) 등의 십현문도 이 제법상즉자재문(諸法相卽自在門)에서 동시에 구비되고, 또한 십신(十信) 이후의 십주(十住)에서 불지(佛地)까지 어느 단계에서도 성불이 가능하다고 한다. 이제 이것은 최고의 성불관을 보여준다고 해도 좋다.

다만 너무나도 격조가 높아서, 정말이지 실천할 수 있을까? 삼승을 단지 신심(信心) 차원에 머무는, 이(理)의 성불이라고 했지만 법장의 설명도 단순한 이(理)는 아닌가 하는 의문도 솟아난다. 어쨌든 이 법문에서 법장은 성불도(成佛道)를 선전했다. 십현문은 이 제3문이 분량도 많고, 내용적으로도 최고조이다. 여기에 법장 사상의 핵심이 있다. 거듭 말하지만, 나는 여기에 법장이 선종의 성불관, 특히 신수(神秀) 등의 오방편(五方便) 같은 사상에 대한 생각이 비판적으로 표명되어 있는 것은 아닌가 추측한다.

5
제4 인다라미세경계문

이것은 인드라넷(Indranet)[제석천(帝釋天)의 그물], 곧 제석천의 궁전은 매듭 하나하나에 보배구슬이 달린 천망(天網)이 전면을 뒤덮고 있다고 한다. 이 보배구슬은 다른 보배구슬을 비추며, 차례로 찍혀 간다. 자신이 다른 보배구슬에 비치는 것은 이체 상즉문의 비유가 되지만, 자신이 비친 다른 보배구슬의 빛을 다시 자신도 비추게 되는 것은 동체 상입문이다. 그래서 『화엄경탐현기』에서는 "이체 상입이 동체 상입을 지닌다."(T35, 125a)라고 표현한다. 정교한 비유이다.

묻는다. 위에서 하나의 티끌 속에 무량(無量)한 찰(刹) 등을 나타낸다고 하면, 이것은 다만 이 일중(一重)에 나타날 뿐이다. 무슨 까닭으로 도리어 중중(重重)으로 나타난다고 하는가? 답한다. 이것은 바야흐로 『화엄경』을 설할 때, 모든 작은 티끌 속에도 역시 이렇게 설한다고 말한다. 그 작은 티끌 속에서 『화엄경』을 설할 때, 역시 모든 작은 티끌 속에도 이렇게 설한다고 말한다. 이같이 전전(展轉)해서 바로 중중무진인 것이다. 적절히 준해서 이것을 생각하라. (T45, 506ab)

"납득했습니다."라고 말하기에는 조금 비약이 있지만, 『화엄경』 자체에 이런 묘사가 있는 이상, 법장에게 책임을 모두 지울 수만은 없다. 이 설시는 인간의 마음으로 생각하면, 그런대로 알 것 같기도 하다. 또 유식적인 해석도 가능할 것이다.

우리는 서로 마음을 가지고 생활하며, 인간관계를 유지하고 있다. 부부 사이에서도 상대의 마음은 읽지 못한다고도 할 수 있지만, 의외로 서로 영향을 끼치며 살아가는 면도 있다. 다시 유식적으로 말하면, 스스로 자신의 자화상도 그리고 있는 면도 있다. 『화엄경』 「야마천궁보살설게품(夜摩天宮菩薩說偈品)」(T9, 465c)에는 유명한 '유심게(唯心偈)'가 여래림보살(如來林菩薩)에 의해서 설해지지만, 그 가운데 "마음은 정교한 화사(畵師)와 같아서"[마음은 솜씨 좋은 그림 그리는 사람과 같다]라는 비유가 있는데, 이것은 진실을 단언하고 있다. 우리의 마음은 자신을 포함해 다른 사람, 가족, 친척의 그림을 그리면서 살고 있다. 자신 이외의 것도, 자기 자신도, 스스로 그려 놓고도 "마음에 들지 않는다." 등으로 말하는 셈이다. 이 인다라미세경계문의 취지에서 말하면, 우리는 자신의 모습을 상대에게 비추고, 그 모습을 다시 자신이 베껴 쓰며 살아가고 있다고도 할 수 있다. 역으로 상대를 자신이 비추고, 그것이 상대에게 다시 비치고 있다. 그것을 알고 그것을 자각했다면, 그런대로 상호 인간관계에서 서로 용서할 수도 있지 않을까?

6

제5 미세상용안립문

중생의 한 생각의 마음이 서로 비추는 양상을 앞의 인다라미세경계문이 그려낸다면, 이 미세상용안립문(微細相容安立門)은 한 생각의 마음 가운데에 갖가지 양상이 정연하게 늘어서 있는 것을 말한다. 예를 들어 활에 화살을 메겨 쏘는 사람이 짊어진 화살통에 화살 다발이 들어 있지만, 그 화살 깃의 머리가 말끔하게 모여 있는 것과 같다. 우선은 설명문을 보자.

> 다섯째로 미세상용안립문(微細相容安立門)이란, 이 위의 모든 뜻은 일념(一念)의 안에서, 시종(始終), 동시(同時), 전후(前後), 역순(逆順) 등의 모든 법문을 갖추어서, 일념의 안에서 병연(炳然)하고 동시에 머리를 가지런히 하여 현현해, 명료하지 않음이 없다. 마치 화살 다발의 머리를 가지런히 하여 현현(顯現)하는 것과 같다. (T45, 506b)

십의(十義)가 항상 기초가 된다. 그것들 십의가 한 생각의 마음에 여러 가지 본연의 모습을 드러내면서도 어떤 모순도 없이, 정연하게 머리를 늘어서 있다. 이것은 이체(異體) 상입(相入)의 모습으로 생각된다.『화엄경』「이세간품(二世間品)」(T9, 666bc)에서 부처가 모태 속에서 다양한 불사(佛事), 설법(說法), 교화(敎化) 등을 나타낸다는 것이 설해진다.

이것도 이상한 일이지만, 인간 마음의 불가사의함을 나타낸다고 생각한다면 그런가 싶기도 하다. 인간의 기억은 의외로 정연하게 정리되어 있다. 의외의 것을 잘 기억하기도 한다. 또 생각해내기도 한다. 꿈도 불가사의한 것이다. 말도 안 되는 일이 동시적으로 꿈에 나오는 일도 있다. 묘에(明惠, 1173-1232)가『몽기(夢記)』에서 자신의 꿈을 써 모은 것도 일종의 관법으로, 이 십현문의 세계 같은 것도 영향을 준 것은 아닐까? 천태 지의가 설한 일념삼천(一念三千)의 세계도 연상된다. 허망한 한 생각의 마음에 십계호구(十界互具), 삼천(三千)의 양상이 비친다고 한다. 이 미세상용안립문의 세계이다.

7
제6 비밀은현구성문

앞의 제5문이 십의(十義)가 눈에 보이듯이 확연히 구별하여 늘어놓은 양상이라면, 이 제6문은 사사물물(事事物物)의 속과 겉이 변환자재(變幻自在)한 양상을 설하는 것이다. 또『화엄경』「현수보살품(賢首菩薩品)」에서 보살의 자유자재한 삼매에 대한 출입의 양상이 인용된다. 그러면 십전(十錢)의 비유를 이용한 설명 부분을 인용하여 검토해 보자.

위의 첫 번째 동전 속의 십전(十錢)을 이름하여 현료(顯了)라고 하고, 두 번째 동전을 첫 번째 동전 속의 십(十)에 견주어 보고서, 바로 비밀(秘密)이라고 하는 것과 같다. 무슨 까닭으로 그러한가? 이것을 보고, 저것을 보지 않기 때문이다. 서로 알지 못하기 때문이다. 서로 지견(知見) 하지 못한다고 하더라도, 그런데도 바로 이것을 이룬다면, 저것이 이루어지니, 따라서 구성(俱成)이라고 이름 붙이게 된다. (T45, 506b)

이것은 이체(異體)의 관계이다. 첫 번째 동전 속에 열 번째 동전이 있을 때, 그 열 번째 동전을 겉으로 내어 현료라고 한다면[겉으로 하면], 두 번째 동전은 겉으로 나오지 않고 속에 존재하기 때문에 비밀이 된다. 다만, 그러니까 두 번째 동전과 열 번째 동전은 관계없다는 것은 아니다.

이런 것도 우리의 인간관계에 맞추어서 생각할 수 있을 것 같다. 우리는 여러 가지 만남에서 지인, 친척이 생긴다. 그 지인, 친척에는 우리가 알지 못하는 지인, 친척이 있다. 우리는 그 사람들을 모르지만, 관계가 없다고는 말할 수 없다. 이런 식으로 생각하면 지구상의 사람들, 또 과거의 사람들도, 미래의 사람들도 모두 친척이 된다. 그것은 놀라운 세계이다.

8
제7 제장순잡구덕문

이것은 짧은 설명뿐이므로, 전문을 인용해서 검토하자.

일곱째로 제장순잡구덕문(諸藏純雜具德門)이란, 이 위의 모든 뜻은, 혹은 순(純), 혹은 잡(雜), 앞의 인법(人法) 등과 같은, 만약 인문(人門)으로써 취하면, 곧 모두가 다 사람이기 때문에, 이름하여 순(純)이라고 한다. 또 곧 이 인문(人門)에 갖추어진 이사(理事) 등의 모든 차별의 법을 포함하기 때문에 잡(雜)으로 이름한다. 또 보살과 같이, 일삼매(一三昧)에 들어서, 다만 보시(布施)를 함이, 무량무변(無量無邊)하여, 조금도 나머지 행(行)이 없기에 순(純)이라고 이름한다. 혹은 일삼매(一三昧)에 들어서, 곧 보시·지계·중생 제도 등의 무량무변의 모든 다른 잡행(雜行)은 구시(俱時)에 성취하게 된다. 이같이 법계에 번성하게 일어나 순일함과 잡다함이 자재해서, 구족하지 못함이 없다. (T45, 506c)

이 제7문은 모든 것에는 순수한 것과 갖가지 모습이 있는 복잡함이 있어서, 그것들이 동시에 상즉(相卽) 상입(相入)하는 양상을 나타낸다. 모든 사물은 인간과 관련된 것과 가르침[법(法)]과 관련된 것으로 나눌 수 있을 것이다. 그러므로 인간과 관련된 것을 집어든다고 해도, 결코 가르침과 관련되는 것을 부정할 수는 없다. 그러나 인(人)과 법(法)에 구별이 있는 것도 사실이다. 이 제7문은 인(人)과 법(法)으로 있으면서도, 인(人)만을 거론할 때도, 법(法)만을 거론할 때도, 서로 구덕(具德)의 세계가 성립하는 사실을 제시하고 있다. 또 거기에 모든 다른 이사(理事) 등이 갖추어져 있다고 생각하면, 복잡한 세계로도 된다. 이 순수한 세계와 복잡한 세계가 상즉 상입하는 모습은 앞의 은현(隱現)에서도 파악할 수 있을 것이다. 여기서는 순잡(純雜) 양면이 구덕의 세계를 형성하는 것을 가리킨다.

여기서 그것을 비유를 써서 설명해 보자. 나는 졸업논문의 논제는 학생의 자유로운 선택에 맡기고 있다. 그래서 다른 선생님이 보기에는, 그것이 불교학부의 논문으로서는 어울리지 않는다고 생각할 수도 있을 것이다. 휴대전화도 있고, 바퀴벌레도 있고, 자전거도 있는 세계이다. 다만 학생에게는 "논문으로는 해주기 바란다."라고 말한다. 제대로 통설(通說), 학설(學說), 자설(自說)을 구분해 인용하며, 그 인용을 저자가 되어 대신해 알기 쉽게 바꾸어[부연(敷衍)], 그 설에 대한 의견을 표명한다.

그때, 대화적인 자세가 바람직하다. 나의 세미나에서는 졸업논문의 소발표 형식을 채택하고 있다. 이것은 설명회에서 말하는 것이지만, 발표와 논문 작성은 긴밀히 관련되는 것이 필요하다. 무엇인가에 대해서 이야기하면 발표로는 된다. 다만 논문에서는, 무언가에 대해서 쓴 것만으로는 작문이다. 다음의 단계는 리포트(report)[보고(報告)]이다. 예를 들어 초등학생이 '존경하는 사람'에 대해서 써오도록 부과되었을 경우, 누구에 대해서 써도 작문으로서는 합격이다. 그러나 그 인물에 대해서 리포트를 요구받았다면, 단순한 작문으로는 면제받지 못할 것이다. 적어도 그 인물에 관한 문헌을 읽고, 가능한 한 정확한 보고서가 요구된다. 그러면 논문이란 무엇인가? 이 보고서에서 한 단계 도약이 필요하다. 선학의 의견을 제대로 인용해 그것을 부연하고, 그 선학의 의견에 대해서 자신의 견해를 제시한다. 찬반양론도 있을 것이다. 이 논문에 있어서, 나는 대론적 혹은 대화적 요소가 요구된다고 생각한다. 어떤 주제를 다루어도, 나는 이 논문적 자세가 있는 한, 적어도 자기, 인간에 관한 인식이 필요하므로, 불교학부의 졸업논문으로서의 필요조건은 충족되었다고 생각한다.

논제로 이야기를 되돌리면, 왜 학생의 자유에 맡기는가 하면 어떤 주제도 그것을 파고 들어가면 인간은 무엇인가, 현대란 무엇인가, 어떻게 사는가 등의 중요한 문제에 반드시 부딪친다고 생각하기 때문이다. 불교학부이기 때문이라는 이유로 불교적인 제목을 붙여 논문을 쓰고 싶다는 학생을 향해서는 나는 "도대체, 무엇 때문에 논문을 쓰는가? 학부를 위해서 쓰는 것인가? 요시즈(吉津)를 위해서 쓰는 것인가?" 등으로 묻는다. 그리고 "자신을 위해서, 자신이 무엇인가를 해명하고 싶기에 쓰는 것이 아닙니까?"라고 다그친다. 이 순잡(純雜)으로 말하면, 자신에게 순수하게 철저했으면 좋겠다고 생각한다. 그러면 자연히 복잡한 세계가 현성해 온다. 처음부터 복잡한 세계로 뛰어들었다가는 혼란스러울 뿐이다.

우리는 모두 자질구레한 용무가 많다고 한다. 그래도 나는 "인생, 잡사(雜事)는 없다."를 신조로 삼고 있다. 눈앞에 나온 것을 할 뿐이다. 그것이 순수인 것 같다. 그냥 차례차례로 갖가지 일이 도래한다. 이것이 복잡이다. 그러나 잡사는 아니다. 갖가지 무늬, 모양이다. 여러 가지가 있으니까 즐겁다.

9
제8 십세격법이성문

이 시간론은 재미있다. 과거, 현재, 미래의 삼세(三世)에서 각각 삼세를 보고[구세(九世)], 대개 일념심(一念心)의 시간을 더하여 십세(十世)로 삼는다. 우선 본문을 인용해 보자.

여덟째로 십세격법이성문(十世隔法異成門)이란, 이 위의 모든 뜻은 십세(十世) 안에서 널리 미치고, 동시에, 구별되어 다르게, 갖추어져서 현현한다. 시(時)의 법과 서로 떨어질 수 없기 때문이다. 십세라고 하면, 과거·미래·현재의 삼세에 각각 과거 및 현재가 있어서, 곧 구세(九世)가 된다. 그런데 이 구세는 번갈아서 서로 상입하기 때문에, 하나의 총구(總句)를 이루어, 총별(總別)이 합하여 십세(十世)가 이루어지게 된다. 이 십세는 별이(別異)를 구족하고, 동시에 현현해서, 연기를 이루기 때문에 즉입(卽入)을 얻게 된다. (T45, 506c)

이것은 화엄교학의 시간론이다. 어디까지나 기초는 십의(十義)이다. 인법(人法) 같으면 인법의 인(人)에 십세를 연다. 불교에서는 시간은 제법의 본연의 모습으로 생각하고, 실체적으로 생각하지 않는다. 유식교학에서는 시간을 심불상응행법(心不相應行法)으로 분류하지만, 그것은 실법(實法)[실체(實體)로서의 존재]은 아니고, 가법(假法)[연기(緣起)에 의해서 성립하는 존재]이다.

과거의 미래 등이라고 하는 것은 재미있다. 우리는 역사 공부를 하면서, 이제까지 알지 못했던 것을 만나는 일이 많다. 미래의 과거란 어떠할까? 온고지신(溫故知新), 미지의 세계에 과거가 현전해 온다. 미래의 미래란 무엇일까? 생각해 본 일도 없는 것과 만나는 듯한 느낌이다. 과거의 과거란 무엇일까? 망각의 저편이라는 느낌이다. 나 자신이 누구도 뒤돌아보지 않는 상황 속에서도 나는 살아 있고, 바스락바스락 무언가를 외롭게 하는 풍경이 나는 좋다. 나는 강인하게 이 세상에 태어났다. 우연한 만남. 이것은 미래의 미래

일 것이다. 그리고 조용히 죽어간다. 아니, 죽지 않는다. 어딘가로 바스락바스락하는 세계로 갈 뿐이다.

10
제9 유심회전선성문

이 하나의 문은 짧은 설명이므로 전문을 인용하여 고찰하자.

아홉째로 유심회전선성문(唯心廻轉善成門)이란, 이 위의 모든 뜻은, 오직 이 하나의 여래장자성청정심(如來藏自性淸爭心)의 굴러감일 뿐이다. 다만 성기(性起)의 덕(德)을 갖추고 있기에 삼승(三乘)과 다를 뿐이다. 그러나 일심(一心)에도 또한 열 가지의 덕을 갖추고 있는 것은, 「성기품(性起品)」 가운데서 십심(十心)의 뜻을 설하는 것과 같은 것은, 바로 그 사태이다. 십(十)을 설하는 까닭은 무진(無盡)을 나타내려고 하기 때문이다. 이같이 자재(自在)하게 무궁(無窮)의 갖가지 덕을 갖추고 있을 따름이다. 이 위의 여러 뜻의 문은 모두 이 마음의 자재한 작용으로서, 다시 다른 것이 없기에, 유심회전(唯心廻轉) 등이라고 이름하게 된다. (T45, 507a)

십의(十義)를 여래장자성청정심(如來藏自性淸爭心)이 전회한다고 본다. 진여수연(眞如隨緣)[진여로서의 자성청정심이 조건에 따라서 갖가지 현상을 생기게 하는 것]이다. 다만 삼승과 같이, 어느 입장에서 일방적으로 단정한 일상(一相), 일적(一寂)이라고 하는 표면적이고 일면적인 가르침은 아니고, 『화엄경』「보왕여래성기품(寶王如來性起品)」의 성기(性起) 십심(十心)과 같은 중후한 일승의 가르침이라고 한다. 법장은 앞서 본 제법상즉자재문과 같은 설명에서는 힘이 담겼지만, 이러한 유심의 설명은 단조롭다.

11
제10 탁사현법생해문

이 제10문도 짧은 설명과 한 가지 문답뿐이므로, 전문을 인용하여 검토해보자.

열 번째 탁사현법생해문(託事顯法生解門)이란, 이 위의 모든 뜻은, 따르는 다른 사(事)에 맡김으로써 다른 법(法)을 나타낸다. 이른바 모든 이사(理事) 등의 모든 법문이다. 이 경 가운데의 열 가지의 보왕운(寶王雲) 등의 사상(事相)을 설하는 것 같은 이것이 바로 모든 법문이다. 위의 모든 뜻이 귀함을 나타내기 때문에, 보(寶)를 세움으로써 이것을 나타낸다. 위의 모든 뜻의 자재함을 나타내기 때문에 왕(王)을 표시함으로써 이것을 나타낸다. 위의 모든 뜻의 윤익(潤益)함을 나타내기 때문에, 자택(資澤)하기 때문에, 은은(斷齦)하기 때문에, 운(雲)으로써 이것을 나타낸다. 이와 같은 일들을 운운하는 것은 헤아릴 수 없다. 경(經)과 같이, 이것을 생각하라. (T45, 507a)

지금까지는 십의(十義)에 관해서 상즉(相卽), 상입(相入), 이체(異體), 동체(同體) 등의 법문을 구사하여, 상즉이나 상입 그 자체나, 또는 인다라망(因陀羅網)의 비유, 미세(微細), 비밀(秘密), 은현(隱現), 순잡(純雜), 십세(十世), 유심(唯心) 등의 주제를 마련하여 법계연기의 세계를 말해 왔다. 남은 것은 『화엄경』 가운데에 있는 사사물물의 존재이다. 그것에는 해(海), 운(雲), 수목(樹木), 생물(生物) 등 갖가지 것이 있다. 그것들이 사법(事法)이지만, 『화엄경』에서는 사법(事法) 그 자체가 진리를 가르친다고 한다.

하나의 예로서, 『화엄경』 「노사나불품(盧舍那佛品)」(T9, 409a)의 열 가지 보왕운(寶王雲)을 들어서, 어떻게 그것이 가르침 그 자체인가를 보인다. 열 가지 보왕운이란, "승금색당보왕운(勝金色幢寶王雲), 불광명조보왕운(佛光明照寶王雲)" 등이다. 법장은 십의가 귀중하기에 '보(寶)'라고 하고, 십의가 자재력을 갖추고 있기에 '왕(王)'이라고 하고, 또한 십의가 중생을 윤택하게 하고, 도움을 주고, 겹겹이 쌓여 있는 것이어서 '운(雲)'이라고 하는 것이라고 설명한다. 『화엄경』에 자주 나오는 광명(光明)은 지혜(智慧)를 말하고, 또 해(海)는 무량무변(無量無邊)한 것을 단적으로 보여준다.

12
신십현에 대해서

고십현과 신십현에 대해서는 이미 말했다. 여기서는 법장의 『화엄경탐현기』에서 설한 신십현으로 되며 변화된 항목만을 살펴보기로 한다. 고십현에 있던 제7 제장순잡구덕문(諸藏純雜具德門)과 제9 유심회전선성문(唯心廻轉善成門)이, 신십현에서는 광협자재무애문(廣狹自在無礙門)과 주반원융구덕문(主伴圓融具德門)이 되고 있다. 십의(十義)에 대해서도, 지엄의 『화엄경수현기』에서 법장의 『화엄경지귀』에 이르는 과정에서 산뜻하게 십대(十對)로 된 사실도 기술했다. 『화엄오교장』의 십의(十義)로 말하면, 『수현기』의 제10의 수생근욕시현(隨生根欲示現)이 제10 감응(感應)으로 되었다. 감응이라고도 하지만, '중생(衆生)의 기감(機感)'과 '불보살(佛菩薩)의 응현(應現)'으로 확실해졌다고 할 수 있다.

그러면 광협자재무애문(廣狹自在無礙門)인데, 『탐현기』에서는 연꽃의 비유를 써서 설명한다.

> 둘째는 곧 저 꽃잎은 법계(法界)에 두루 가득해도 본위(本位)를 무너뜨리지 아니하고, 분(分)은 곧 무분(無分)이고, 무분(無分)은 곧 분(分)이기 때문에 광협자재(廣狹自在)하여 무장무애(無障無礙)하게 된다. 아래에서 이르기를 "이 큰 연꽃의 그 잎은 널리 모든 법계를 덮는다."(『화엄경』 「제2 노사나불품」. T9, 408a)라고 한다. 이 때문에, 혹은 오직 넓기만 해서 끝이 없다. 혹은 분한(分限)이 역연하다. 혹은 곧 넓고, 곧 좁다. 혹은 광협(廣狹)이 함께 없어진다. 혹은 앞의 넷을 갖춘다. 이것으로 경계를 알기 때문이다. 혹은 앞의 다섯을 끊고, 이것으로 경계를 행하기 때문이다. (T35, 123c)

『탐현기』에서는 이 부분 뒤에 "하나에 머물러 두루 응함으로 말미암기 때문에 광협자재하다."(T35, 124c)라고도 총괄한다. 연꽃의 한 잎이 법계에 널리 펴져 있지만, 그 본래의 한 잎은 어디까지나 분위(分位)를 지키면서도, 무분(無分)의 법계와 무애무장(無礙無障)의 관계를 가진다. 이것은 동체 상즉문이다. 인용 부분에는 '혹은'이 여섯 개가 있으며, 이것은 법장이 잘 쓰는 육구분별(六句分別)이다. 제4구까지는 단(單)[A이다], 단(單)[A는 아니다], 구(俱)[A이고, A는 아니다], 비(非)[A는 아니고, A는 아닌 것도 아니다]의 사구분별(四句分別)이다. 제1은 광(廣), 제2는 협(狹)의 분한이 뚜렷할 뿐이다. 제3은 쌍방이 공존하고, 제4구는 쌍방을 민절(泯絕)[없어져 다함]한다. 제5구는 앞의 사구분별을 다 갖춘다. 이것은 지해(智解)의 경계이다. 마지막의 제6구는 사구(四句)를 민절한다. 수행의 경계라고 한다.

다시 십현문의 성립 근거로서 연기상유만이 상세히 설명되지만, 여기서도 육구(六句)의 분별이 적용된다. 이 연기상유는 법장으로부터 법성융통과 함께, 법계연기의 기초로서 중시되었다. 다만 법장 자신은 이 책에서 상즉상입을 논술한 것처럼, 순전히 유식교학의 환골탈태에 의한 삼성(三性)·육의(六義) 등의 연기상유를 중시하고 있다. 그러나, 제자인 혜원은 그것에 전면적으로 비판을 가하여, 법성융통이야말로 법계연기의 기초이며, 연기상유는 삼승사상(三乘思想)[유식(唯識)]이라고 명언했다. 혜원을 준엄하게 비판했던 징관은, 차라리 법성융통에 역점을 두고 있다고 해도 좋다. 이 문제는 종밀 이후에는 거의 논의되지 않고 있다.

이 십현문이, 법장에 있어서는 일종의 관법의 실천임을 알 수 있다.

그러면 다음으로 주반원명구덕문(主伴圓明具德門)으로 이동한다. 계속해서『탐현기』를 살펴보자.

열째는 이 원교의 법은, 이(理)로서 홀로 일어난 것이 없고, 반드시 권속(眷屬)을 따라서 생긴다. 아래에서 이르되 "이 꽃에 세계해(世界海)의 작은 티끌 수의 연꽃이 있으니 그것으로써 권속을 삼는다."(『화엄경』「십지품」. T9, 571c)라고 한다. 또한 "일방(一方)을 주(主)로 하면 시방(十方)을 반(伴)으로 하는 것과 같이, 나머지 방(方)도 또한 이와 같다."(『화엄경』「보살십주품(菩薩十住品)」. T9, 446c)라고 한다. 그러므로 주(主)와 주(主), 반(伴)과 반(伴)은 각기 서로 보지 못하고, 주(主)와 반(伴), 반(伴)과 주(主)에 의하여 원명구덕(圓明具德)하게 된다. (T35, 123c-124a)

이 '주반원명(主伴圓明)'을 나는 몇 회인가, 결혼식의 연설에서 사용한 적이 있다. 그것을 소개하고 해설에 갈음한다.

"오늘 축하합니다. 오늘부터는 일반적으로는 신랑이 가장으로 불리고, 신부가 처(妻), 반려(伴侶)가 됩니다만, 실제 생활에서는 그렇게 딱 정해져 있지는 않습니다. 화엄교학에서는 '주반원명(主伴圓明)'이라고 합니다. 어느 한쪽이 주(主)가 될 때는, 한쪽은 철저하게 반(伴)이 되어서 돕고, 한쪽이 반(伴)일 때는 다른 쪽은 주(主)가 되어서 철저하게 책임을 집니다. 이러한 관계가 활성화되어야 부부라고 할 수 있습니다. 양쪽이 주(主)가 되어 버리면, 부딪쳐서 싸우게 됩니다. 또 양쪽이 반(伴)이 된다면 서로 양보하는 것은 미덕일지도 모릅니다만, 대화조차 이루어지지 않는 활력이 없는 부부 관계가 될지도 모릅니다. 신랑이 주(主)일 때는, 부디 신부는 흔쾌히 반(伴)에 철저해서 내조에 역할을 다해 주십시오. 그러나 앞으로 아이가 태어나는 것과 같은 때는 신부가 주(主)이기 때문에, 신랑은 마음으로부터 반(伴)이 되어서 신부를 지지해주셨으면 합니다. 야구로 예를 들면, 투수와 포수와 같은 거죠. 투수는 포수가 사인을 내고, 잘 받아주기 때문에 안심하고 던질 수 있습니다. 어느 쪽이 투수가 되어도 좋지만, 그것이 투수와 타자의 관계가 되면 싸움일 것입니다. 어느 쪽도 주(主)가 됩니다. 그다지 좋은 비유는 아닐지도 모릅니다만, 부디 서로 많이 이야기하고, 사람들이 보고 부러워할 만한 좋은 가정을 만들어 가기 바랍니다. 오늘, 정말 축하드립니다."

13
無窮을 진실한 덕으로 삼다

제4장에서 제5장에 걸쳐, 법장이 『화엄오교장』에서 5교[소승교·대승시교·종교·돈교·원교]를 증명하기 위한 의리(義理)를 수립할 목적으로 제안한 십현문(十玄門)에 대하여, 그 기초로서의 삼성동이의(三性同異義)에 있어서 공유융회(空有融會), 육의위인연기(六義爲因緣起)[연기인문육의법(緣起因門六義法)]에 있어서 유력(有力) 무력(無力) 분별과 대연(待緣) 부대연(不待緣)의 분별에서 '십전(十錢)의 비유', 그리고 법설(法說)로서의 십현(十玄)을 훑어봐왔다. 그 결과, 확실히 '일즉일체(一卽一切) 일체즉일(一切卽一)'의 법계연기가 증명되고 있었다. 법장의 자신만만한 기분이 전해지는 듯했다. 특히 십현문의 제3 제법상즉자재문(諸法相卽自在門)에서의 신만성불(信滿成佛)의 증명은, 꼭 선종의 성불론을 의식한, 화엄교학 유파의 성불관을 제시하려는 생각이 있다고 추측했지만, 이것은 상당히 확실성이 있다고 생각한다.

그러나 법장은 마지막의 끝에 이 법계연기에 대해서, 절대로 해서는 안 되는 것을 말해버렸다. 그것이 '무궁(無窮)의 실덕(實德)'이라는 발언이다. 이 법장 발언의 문제성을 지적한 것은 이시이 코세이 박사이다. (『화엄사상의 연구』 제1부, 제4장, 제1절 '무궁과 중중무진' 참조)

그것을 말해 보자. 법장은 십현문의 법설이 끝난 후에, 이것이야말로 별교일승의 연기라고 드높이 선언하며, 자신이 어떻게 『화엄경』에서, 또 세친의 『십지경론』, 그리고 스승인 지엄의 『화엄경수현기』 『공목장』 『화엄오십요문답』 등에 의거하고 있는가를 명시한다. 그리고 삼승을 넘어, 어떻게 일승의 가르침이 무진(無盡)으로, 이 일승의 가르침은 삼승의 낮은 근기가 감당할 수 있는 것이 아닌, 일승의 무상심(無上心) 기근의 큰일을 원하는 자를 위한 십신(十身) 부처의 경계를 현시했다고 자랑스럽게 말한다.

문제 발언은 그 후에, 다음과 같이 나온다. 『화엄오교장』을 보자.

삼승(三乘)은 다만 기(機)에 따를 뿐으로, 아직 제불(諸佛)의 십신(十身)의 자경계(自境界)를 나타내지 못하기 때문에, 불신(佛身)을 나타냄이 아니다. 또 기(機)에 따라 조금, 일상(一相), 일적(一寂), 일미(一味)의 이치 등을 말하니, 그러므로 무진(無盡)의 설이 아니다. 무엇 때문에 그러한가? 삼승은 이 무궁(無窮)을 과실(過失)로 삼기 때문이다. 그러나 이 일승(一乘)은 무궁(無窮)을 실덕(實德)으로 삼기 때문이다. (T45, 507b)

법장이 별교일승을 고양하는 것은, 그의 5교판 의도에서 보면 당연하다. 그러나 삼승에서는 무궁은 잘못이지만, 일승에서는 무궁은 진실한 덕이라는 발언은 지나쳤다. 지나치다기 보다도, 그야말로 법장의 과실이라고 판단하지 않을 수 없다.

무궁(無窮)이란, 인도 사상에서는 불교만이 아니라 논리학상의 과실이다. 어떤 결과의 원인을 구하는 것은 옳지만, 그것을 무한히 소급하는 것은, 결국 올바른 원인을 정하는 것을 방기하는 무책임한 논증이 된다. 이것을 무궁이라고 한다.『아비달마구사론』(T29, 27b)에서는 유위(有爲)의 사상(四相)으로서 '생(生)·주(住)·이(異)·멸(滅)'을 세우고, 이 '생(生)' 등을 다시 생주이멸(生住異滅)하는 것으로서 "생생(生生)·주주(住住)·이이(異異)·멸멸(滅滅)"의 사수상(四隨相)을 세우지만, 그때에 무궁(無窮)의 과실 유무를 논하고 있다. 곧 생생(生生)에 다시 그것을 생주이멸(生住異滅)하는 것을 세우는 것이 되지 않을까 하는 논의로, 무한소급이 된다는 것이다.

무궁은 잘못이다. 이것은 명확히 해 두지 않으면 안 된다. 연기에 무궁이 부수될 리는 없다. 연기란 무엇인가의 결과에 명확한 원인이나 조건을 자각하는 것으로, 육사외도의 산자야(Sañjaya)와 같은 불명확한 논의를 하는 것은 아니다. 다짐하기 위해,『화엄경』에 있어서 '무궁(無窮)'의 용례를 검색한 결과를 말하면, 물론 논리학에서 다루는 과실로서의 무궁의 용례는 존재하지 않는다. 다른 의미에서의 무궁(無窮)과 무궁진(無窮盡)의 용례가 있다. 후자는『화엄경』가운데서는 부처의 세계를 찬탄하는 말로서만 쓰인다. 전자는 그렇지는 않고, 단순한 '한없다'라는 의미로 '무궁한 생사(生死)', '무궁한 색(色)' 등과 같이 쓰인다. 법장이 "일승(一乘)은 무궁진(無窮盡)을 가지고 진실한 덕으로 삼는다."라고 한다면, 어떤 문제도 없었다. 그것을 삼승을 폄하는 의미에서 무궁을 언급하고, 그것과의 대응으로 "일승을 무궁으로써 진실한 덕으로 삼는다."라고 하는 것에서 큰 문제가 발생했다.

덧붙여서 징관도 『대방광불화엄경수소연의초』의 십세격법이성문(十世隔法異成門)의 세주(細注)에서, 다음과 같이 법장과 같은 말을 하는 것은 놀랍다.

> 곧 『중론(中論)』 관시품(觀時品)에서는 집착을 깨뜨리는 시(時)에 무궁(無窮)의 오류를 세운다. 지금은 집착하는 바가 없으므로, 그 오류를 가지고서 본성에 부합하는 연기[稱性緣起]를 이루는 것이다. 넓게는 「이세간품」과 같다. (T36, 81ab)

"징관이여, 당신도인가!"라고 말하고 싶은 구절이다. 확실히 이 십세(十世)의 사고방식도 무한소급의 과오에 빠지기 쉽다. 그래서 징관은 여기서 『중론(中論)』 「관시품(觀時品)」(T30, 25b)을 언급하면서, 십세의 생각이 무궁하지는 않다고 단언했다.

'일즉일체(一卽一切) 일체즉일(一切卽一)'은 아름다운 말이다. 그러나 이 구절이 무궁(無窮)을 감추고 있는 것이, 뜻하지 않게도 법장과 징관에 의해서 밝혀졌다고도 할 수 있다. 그들은 법계연기를 '실덕(實德)', '칭성(稱性)의 연기'라고 상찬했지만, 그것은 상찬만으로는 해결되지 않을 큰 문제를 안고 있다. 이 연기는 법계의 양상을 나타냈을지 모르지만, 주인공이 부재한다. 『화엄경』의 비로자나불이 주인공이라고 할 수 있을까? 그것은 말할 수 있을지도 모르지만, 다만 『화엄경』에서 법장이 설하는 것과 같은 연기 사상을 구할 수 있을 것인가? 법장은 전거로서 많이 『화엄경』의 경문을 인용했다. 『화엄경』에서는 비로자나불과 많은 보살들이 책임[모든 중생을 구제하자는 서원의 책임]으로써 수행하고, 설법하고 있다. 나는 『화엄경』의 어디에도 문제는 없다고 생각한다. 문제는 법장이나 징관의 자세이다. 그들이 법계연기를 말할 때에, 그들 자신이 제대로 주인공이 되고 있는지 묻지 않으면 안 된다. 연기사상이란 곧 중도요, 자신의 본연의 모습에 확고히 책임지는 인식론이다. 논리적 과실인 무궁(無窮)을, 『화엄경』을 근거로 해서 '실덕(實德)'이라든가 '칭성(稱性)'이라고 찬탄하는 주장을, 우리는 신뢰할 수 있겠는가? 애써 쌓아 올린 장대한 법계연기의 세계는, 법장이 스스로 '무궁(無窮)'이라고 인정한 것에 의해, 모래 위의 누각처럼 맥없이 와해된 것이나 마찬가지이다.

되풀이하지만, 문제는 주인공의 부재이다. 나는 석존의 자주(自洲)와 법주(法洲)를 중요시하며, 그것을 중도(中道)의 근간으로 삼지만, 법장의 교학은 법주(法洲) 일원(一元)으로, 자주(自洲)가 없다. 오히려 적극적으로 자주(自洲)를 지우고 법계(法界)라고 하는 법주(法洲), 별교일승(別敎一乘), 중중무진(重重無盡)의 법계연기(法界緣起) 구축, 예찬에 힘쓴 것이 법장의 진짜 모습이었다고 할 수 있다. 『화엄경』 그 자체에는 비로자나불(毘盧遮那佛), 현수보살(賢首菩薩)이나 문수보살(文殊菩薩) 등의 견실한 설법자, 수행자, 그리고 선재동자(善財童子) 등의 많은 주인공이 존재한다. 그러나 그 『화엄경』을 기초로 구축한 법장의 교학에는 어디에도 주인공이 없다. 존재하는 것은 교의분제(敎義分齊)의 세계뿐이다. '일즉일체(一卽一切) 일체즉일(一切卽一)'의 일(一)이 자기 자신으로서 현성하고 있지 않다. 천태 지의와 비교해서, 특히 법장이 실천성이 적다고 예로부터 전해져 온 것은 사실이다. 그래도 십현문에서는 제법상즉자재문에 있어서 실천성이 엿보였었지만, 그것은 분명 선종을 의식한 것으로, 행(行)으로는 성립되지 못한, 기껏해야 신(信)의 세계의 묘사이다. 신만성불(信滿成佛)은 이(理)로서는 성립하지만, 행(行)으로는 성립되지 않는다. 『화엄경』에서는 행(行)이 약동한다. 법장에 있어서는 행(行)은 침묵한다. 이 낙차를 우리는 인정하지 않을 수 없을 듯하다. 법장에게는 냉엄한 말투가 되었지만, 나는 사실은 사실로서 지적하지 않을 수 없다.

제6장

법장교학의 후대에 대한 영향

1
중국불교로의 전개 - '선교일치설'의 성립

법장은 80권『화엄경』의 주석(注釋) 도중에 시적했다. 그 주석을 제자인
혜원(慧苑)이 완성한 것이『속화엄경약소간정기(續華嚴經略疏刊定記)』이다.
이 혜원의 완성품은 몹시 법장교학과 다른 것이라는 사실은 한 번 읽는 것
만으로도 알 수 있다. 혜원은 법장의 오교판(五教判)을 비판하고 그것을 파
기해서『구경일승보성론(究竟一乘寶性論)』에 의해 새롭게 사교(四教)를 세운
것이 사실이며, 실로 여래장사상(如來藏思想)에 의해『화엄경』을 주석했다.
이해하기 쉬운 주석서이다. 법장교학에 존재하던 화엄교학과 여래장사상
의 균열은 혜원에 의해 완전히 봉합되었다.

그러나 징관(澄觀)은 냉엄하게 혜원을 지탄했다. 그것은 징관의『대방광
불화엄경소(大方廣佛華嚴經疏)』와『대방광불화엄경수소연의초(大方廣佛華嚴
經隨疏演義鈔)』에서 볼수 있는 대로이다. 한편으로 징관은 혜원을 계승한 측
면도 있다. 예를 들어 사사무애법계(事事無礙法界)를 중심으로 한 사법계설
(四法界說)의 명칭이다. 또한 징관은 법장을 계승하면서도, 상당히 법장과는
다르다. 조금 전 무궁(無窮)의 점에서는 징관도 비판했지만, 징관은 법장보
다 '주인공(主人公)'이 나오고 있다. 선종(禪宗)의 영향일 것이다. 또 징관은
천태교학으로부터의 영향도 크고, 그는 확실히 실천성을 나타내고 있다.

징관이 언급했던 바에서, 법장이 '현수대사(賢首大師)'로 불린 경위를 고
찰해 보고자 한다. 이 호칭은『화엄경』「현수보살품(賢首菩薩品)」에서 유래
했을 것이다. 법장의『화엄경전기(華嚴經傳記)』에서 지엄의 제자로서 '문인

회제현수(門人懷齊賢首)'(T51, 164a)라고 있지만, 이것은 후대의 가필일 것이다. 법장의 시적 뒤에 바로 쓴 염조은(閻朝隱)의 『비문(碑文)』 곧 『대당대천복사고대덕강장법사지비(大唐大薦福寺故大德康藏法師之碑)』에 '현수(賢首)'라고 나와 있지 않으므로, 측천무후에게 받은 대사(大師) 칭호는 아니다. 783년쯤 성립의 호유정(胡幽貞) 찬술의 『대방광불화엄경감응전(大方廣佛華嚴經感應傳)』에서도 법장의 존재를 '화엄장공(華嚴藏公)'(T51, 174b)으로 부르니, '현수(賢首)'의 용례는 그 이후일 것이다. 징관이 『화엄경소』에서 '현수(賢首)'라고 하는 것이 문헌으로서는 빠른 편이다. 그리고 법장이 현창되는 것은 뭐라고 해도 최치원(崔致遠)에 의해 904년 성립한 『당대천복사고사주번경대덕법장화상전(唐大薦福寺故寺主翻經大德法藏和尚傳)』이다. 그것을 알고 있어야 할, 988년 성립의 『송고승전(宋高僧傳)』(T50, 732a) 수록의 법장전(法藏傳)은 너무나도 얇다. 다만 측천무후와의 관계를 언급하는 기사는 제대로 기술되어 있는 것은 중요하다.

　법장을 '현수대사(賢首大師)'라는 호칭으로 확실하게 현창했던 것은 종밀(宗密)이다. 그의 영향으로 훗날 정원(淨源)은 두순·지엄·법장·징관·종밀이라는 5조설, 혹은 마명·용수를 더하여 7조설을 제창한다. 법장교학은 징관에 의해서 전개, 발전된 것은 사실이지만, 법장의 체질(体質)을 제일 잘 계승한 것은 종밀일 것이다. 그의 교학이나 법맥의 주장에서 보이는 작위성은, 법장의 환골탈태 자세와 흡사하다. 종밀은 직접 가르침을 받은 징관을 넘어, 법장에 근접한다. 그리고 그 5교판을 잘 전용해서, 『원인론(原人論)』에서 볼 수 있는 것과 같은 교판(教判)[인천교(人天教)·소승교(小乘教)·대승법상교(大乘法相教)·대승파상교(大乘破相教)·일승현성교(一乘顯性教)]을 제창해,

결과적으로『선원제전집도서(禪源諸詮集都序)』에서 보이는 것과 같은 교선일치설(敎禪一致說)을 고안해 내고, 더 나아가 삼교일치설(三敎一致說)로 길을 열었다. 이 영향은 후대까지 크다.

결국 '현수(賢首)'의 호칭은 법장의 대사(大師) 칭호인 것을 넘어, 중국에서는 화엄교학 그 자체를 '현수종교(賢首宗敎)'라고 부르게 된다. 1269년 성립의 지반(志磐, 생몰년 미상)의『불조통기(佛祖統紀)』(T49, 292c)에서는 달마선종(達磨禪宗)・자은종교(慈恩宗敎)・유가밀교(瑜伽密敎)・남산율학(南山律學) 등과 함께 '현수종교(賢首宗敎)'의 항목이 있으며, 두순에서 종밀까지의 5조와 자선(子璿), 정원(淨源), 의화(義和)의 전기(傳記)가 게재되어 있다. 그리고 훨씬 후대가 되지만 청(淸)의 속법(續法, 1641-1728)은『현수오교의(賢首五敎儀)』[『續藏經』영인본 제104책 수록] 등의 저작을 남긴다.

실제로는 이통현(李通玄, 635-730, 또는 646-740), 종밀, 징관 등이 후대에 준 영향이 크다고도 하지만, 그들의 인맥을 화엄교학으로서 일괄할 때에는 법장의 대사(大師) 칭호 '현수(賢首)'가 쓰인다는 점에서, 법장의 현창된 위대성이 확인된다.

2
한국불교로의 전개 – '화엄선'의 형성

신라의 의상(義相)이 법장의 동문 선배였고, 의상 문하(門下)가 화엄 연구의 법맥을 후대에 전했다. 그들의 성과 중 하나가『화엄일승법계도(華嚴一乘

法界圖)』연구의 집성인『법계도기총수록(法界圖記叢髓錄)』이다. 그리고 고려 초기 균여(均如)의 일련의 저작은 징관교학의 영향이 크다고 하지만, 의상 의『화엄일승법계도』의 주석 이외에는, 법장의 저작에 대한 주소(注疏)가 많다. 이들에 의해 법장교학은 고려에서 현대의 한국에 이르기까지, 화엄 교학에 있어서 가장 큰 연구대상이 되었다.

또 현재의 조계종(曹溪宗) 중흥조의 한 사람인 지눌(知訥, 1158-1210)은 이 통현의 영향도 크지만, 종밀의 교선일치설(敎禪一致說)을 계승하여, 그것과 대혜 종고(大慧宗杲, 1089-1163)의 간화선(看話禪)을 연결했다. 나는 종밀의 교학을 '화엄선(華嚴禪)'이라고 불렀지만『화엄선의 사상사적 연구』], 지눌 쪽이 훨씬 '화엄선'으로 부르기에 적합하다. 곧 지눌의 설한 바는 돈오점수(頓悟漸修)[즉각 깨달음을 얻은 후에 단계적인 수행을 한다]의 실천이다. 오늘날 한국의 불교 연구에서도, 일본 이상으로 화엄교학이 차지하는 비중이 크지만, 그 가운데서도 법장 연구는 큰 원점이 되고 있다.

3
일본불교로의 전개 – '全一의 이데아'의 기초

일본에 있어서 법장의 존재는 도다이지(東大寺)의 대불(大佛) 건립과 도다이지에서 성립한 화엄교학에 큰 족적을 남겼다. 그렇지만 그 족적은 오른발에 비유된다. 또 하나의 발, 왼발인 원효와 두 발로 서 있는 것이 일본의 화엄교학이다. 나는 그 교학을 '원효·법장 융합 형태'라고 부르고 있다. 법장은 일승대승(一乘大乘)을 비판한 입장에서 원효를 비판한다. 별교일승의 교학,『화엄경』지상주의(至上主義)인 법장은, 일심(一心) 아래에 어떤 교학도 융회, 화쟁할 수 있다는 원효와는 절대로 타협할 수 없다. 그것이 어떻게 일본의 도다이지에서 공존하게 되고, 그것은 어떠한 것을 결과로 낳은 것일까?

원효와 법장이 화합하려면, 물론 원효의 화쟁, 융회의 이데아(Idea)가 기능하는 것이 중요하지만, 그 경계에 융회된 법장의 별교일승 교학도 큰 작용을 발휘하게 되었다. 우선 문헌의 면에서는 최연식(崔鈆植) 박사가 증명한 [「『대승기신론동이략집(大乘起信論同異略集)』의 저자에 대하여」] 것과 같이 료벤(良弁, 689-773)의 제자 지케이(智憬)의 저작에는 '상용이덕(象龍二德)'(『續藏經』영인본 제71책 383좌하)이라는 한 마디로서 향상(香象)이라고도 불린 법장과 구룡(丘龍)으로 칭했던 원효가 병칭되어 존경을 받고 있음을 알 수 있다. 또 법장의『화엄오교장』의 가장 빠른 주석서로, 아마도 8세기의 도다이지에서『오교장』을 강의한 주료(壽靈, 생몰년 미상)의『화엄오교장지사(華嚴五敎章指事)』에서도 법장 저작의 주석서이면서도, 원효가 많이 인용된 것을 알수 있다. 또한 호리이케 슌보우(堀也春峰) 선생은 논고「화엄경 강설에서 본료벤(良弁)과 심상(審詳)」의 끄트머리에 '대안사심상사경록(大安寺審祥師經錄)'이라는 제목으로 심상(審詳, ?-768 무렵)이 신라에서 가져온 문헌을 정리했는데, 그것을 보면 원효의 책이 많은 것이 눈에 띄어 법장을 압도하고 있다.

원효는 신라에서는 자칭으로도 타칭으로도 화엄인(華嚴人)으로는 취급되지 않지만, 일본의 도다이지에서 화엄종의 사람으로서 다루어지게 되었다. 그 가장 빠른 용례는 사이쵸(最澄, 767-822)의『대당신라제종의장의빙천태집(『大唐新羅諸宗義匠依憑天台集』)에서 '신라국화엄종사문원효(新羅國華嚴

宗沙門元曉)'로서 언급한 것이다. 또한 엔친(円珍, 814-891)의『제가교상동이
략집(諸家敎相同異略集)』에서 8종의 조사(祖師)는 누구인가 묻고, "화엄종(華
嚴宗)은 원효(元曉), 법장(法藏)의 두 대덕(大德)을 그 고조(高祖)로 삼는다"(T74,
312b)라는 것도 도다이지의 전통을 알고 있는 결과일 것이다. 신라에는 화엄
종이 존재하지 않았고, 원효에게도 화엄교학 전문(專門)이라는 의식은 없었
기 때문에, '화엄종 원효(華嚴宗元曉)'의 호칭은 도다이지에서 새롭게 형성된
것이다.

　　이제 그러면 그러한 원효가 화엄종의 사람으로서 취급되고, 또한 법장
과 일체화되어 내가 말한 '원효·법장 융합 형태'의 교학은 무엇을 결과한
것일까? 그것은 내가 '전일(全一)의 이데아'라고 명명한 것이다. 곧 어느 일
종(一宗), 어느 일파(一派)든, 어느 일행(一行)이 선택되고 신앙(信仰)될 때에
그 일종(一宗) 일파(一派), 혹은 일행(一行)이 전불교(全佛敎)를 표징(表徵)[상징
(象徵)]한다는 이념이다. 이것이 오늘날에 이르기까지의 강렬한 일본 종파
불교(宗派佛敎)의 근저에 계속 살아 있다. 그것이 도다이지에서 형성된 것이
다. 일종(一宗)이든, 일행(一行)을 선택한다는 점에서 법장의 별교일승이 기
능하고, 그리고 그 일행(一行)이 전불교를 표징한다는 작용을 원효의 융회·
화쟁의 사상이 지지하는 것이다. 이것은 멋지게 일본 불교의 8종 체제에서,
가마쿠라(鎌倉) 신불교(新佛敎)까지를 꿰뚫는 것이 되어, 오늘날에도 기능하
고 있다. 예를 들어 가장 좋은 예는 호넨(法然 1133-1212)의 선택사상(選擇思想)
이다. 호넨은 염불일행(念佛一行)을 선택하여 잡고, 다른 것을 가려서 버렸
다. 그러나 그는 염불일행에 전불교가 표징되는 것을 보는 것이다. 도겐(道
元)이 '지관타좌(只管打坐)'를 '정전(正傳)의 불법(佛法)'으로 하는 자세도 마찬

가지이다.

이처럼 법장은 '全一의 이데아'로서 지금도 일본불교의 근저에 살아 있는 것이다. 이러한 이데아가 정치의 세계에 적응된다면, 일본 한 나라의 이념이 전아시아를 표징하고, 그 명운(命運)을 묶는다는 이상(理想), 이른바 '대동아 공영권(大東亞共榮圈)의 이상(理想)'이 나와도 불가사의하지 않다.* 사실 이시이 코세이 박사에 의해 대동아 공영권의 이상과 화엄철학의 접점이 지적되고 있다.(「교토학파의 철학과 일본불교—고야마 이와오(高山岩男)의 경우」, 「대동아공영권의 합리화와 화엄철학 (1)—기히라 다다요시(紀平正美)의 역할을 중심으로」, 「대동아 공영권에 이른 화엄철학—가메야 세이케이(亀谷聖馨)의 『화엄경』선양」)

그에 대해서 화엄뿐만 아니라 선(禪)도, 정토(淨土)도, 모두 대정익찬회(大政翼賛會)에 참가해 전쟁을 추진하지 않았는가 하는 논란도 있을 것이다. 다만 내가 법장의 연기설을 지금까지 해설해 왔기 때문에 이해받을 수 있으리라고 생각하지만, 법장의 법계연기는 '일즉일체(一卽一切) 일체즉일(一切卽一)'이라는 표현으로, 일체(一切)의 융합성(融合性)과 일(一)의 지상성(至上性)의 동거를 성립시키는 이론을 제공하는 것은 사실이다. 그리고 법장이 그러했듯이, 거기에 주인공이 없다면 단지 단순한 이념으로서의 표징의 가르침만이 존재하게 된다. 더욱이 표징으로서의 가르침[대동아 공영권의 이념]이 홀로 걸어가서, 그 가르침 때문에 전쟁을 수행하고, 그 결과 패전에 몰아넣고, 나라가 무너져도 누구도 책임지지 않는 일이 가능하다는 것과 같

---

* 이 부분에서 저자는 대동아 공영권 자체를 옹호하는 것이 아니라, 일즉일체(一卽一切)에서 일(一)이 사라진 일체(一切)만을 강조하는 화엄사상의 위험성을 지적하는 것으로 보인다. 이는 후기 부분에서 '인권'을 강조하는 저자의 입장으로 보아도 분명해 보인다. 본문에서 제시한 이시이 코세이의 일련의 연구는 화엄철학이 어떻게 국가 이데올로기로 변질되고 있는지를 추적한 것이다.

은 사상[천양무궁(天壤無窮)이라는 말을 연상한다]. 만약 그러한 사상이 있을 수 있다고 한다면, 법장의 연기, 법계연기의 사상이 그 원류에 자리매김하게 된다는 것만은 말할 수 있을 것 같다.

후기

　이제까지 『화엄경』의 내용부터 법장의 십현문에 이르며, 그 후대로의 전개까지를 논술해 왔다. '머리말'에서 "나는 이 책에서 법장을 화엄교학의 대성자로 위치 부여하지 않는다. 오히려 많은 문제 제기자, 또다시 깜짝 놀라는 독자가 있을지 모르겠지만, 화엄교학 가운데의 이단자로서 묘사하게 될 것이다."라고 썼다. 지금에 와서 보면, 스승인 지엄을 계승하지 않고 제자인 혜원이 등진 법장은 정말로 고절한 화엄학자로 부를 만하다. 그러나 법장 본인은 당연하게 자신이야말로 『화엄경』의 정통한 이해자임을 자부했을 것이다. 21세기 불교학자로부터 법장은 어중간한 교학자라든가, 다른 설의 환골탈태 명수라든가 등으로 말해지며, 끝내는 일본의 대동아 공영권에까지 연결되기에 이르러서는, 법장도 안된 일이다. 다만 법장이 그만큼 고명한 교학자로, 후대로 내려갈수록 성장해 버린 것이다. 그것을 법장 자신의 책임으로 할 것인지, 이름을 높여간 관계자의 책임으로 할 것인지, 역사는 사실만을 추구할 수 있다고 하더라도, 그러함에도 배우지 않으면 안된다.

　불교라면 잘난 척하지 않도록, 또한 위대하게 취급되지 않도록 수행하는 것이다. 그 점에서 말하면, 법장은 아무래도 위대해지고 싶었던 것처럼 보인다. 또 그와 같이 되었다. 그렇다고 그를 불교도가 아니라고 할 수는 없지만, 더욱 지엄의 가르침을 권권복응(拳拳服膺) 하기 바랐던 것 같다. 또 동문 선배 의상의 노파심으로부터도 배우기를 바랐었다. 법장은 많은 삼장 법사와도 인연이 있고, 정말로 풍부한 인간관계의 인맥 속에서 배우고, 큰 성과를 낸 것이다. 그러나 무언가 독자를 안심시키지 못한다. 그는 연결하는 사람이기보다도, 끊는 인간이다. 5교판에 그것이 상징되어 있다. 끊고, 끊고, 마구 끊는다. 지엄인 경우에도, 의상인 경우에도, 또한 제자 혜원인 경우에도, 징관도, 그리고 종밀도, 원교에 어울리는 잇는 형의 인간이다. 법장만이 무턱대고 마구 끊고 있다. 그 의미에서 화엄의 세계 가운데서 대성자(大成者)라기보다도, 이단자(異端者)라는 쪽이 법장의 풍모에 맞다. 이 사마르칸트를 선조의 대지로 삼은 불교도는, 중국에 아무런 원한도 없겠지만, 어쩐지 중국의 정신 풍토에 적응하지 못한 것 같다. 기마민족의 피가 소란을 피운 것일까?

이 책의 집필 중에 홋카이도(北海道) 조동종(曹洞宗)의 현직연수 강사로서, 한 시간 '석존(釋尊)에게 배우는 인권(人權)'이라는 제목으로, 처음으로 사람들 앞에서 인권을 말했다. 그리고 역으로 자신의 어리석음이라고 할까, 자기 자신의 위치 부여의 중대함을 깨달았다. 요즘 조동종의 현직연수에는 반드시 '인권학습' 시간이 있다. 이 학습을 하게 된 것에는 깊은 경위가 있다는 것은 알아듣고 있다. 그 강사를 내가 맡은 것이다. 거기서 깨달은 것은 '인권학습' 이전에, '불교의 ABC 학습'의 필요성이었다.

나는 대동아 전쟁[아시아·태평양 전쟁], 제2차 세계대전에서 패배한 일본 속에서 성장했다. 새로운 헌법을 가진 민주주의 국가, 국민국가에 살고 있다. 태어났을 때는 전시(戰時) 속이었지만, 소학교는 충분히 패전 후의 인권 국가 안에서 의무교육을 받았다. 그 이후 이제까지 나는 인권의 나라에서 생활하며, 인권의 혜택을 누리며 살아왔다. 그것을 잊어서는 안 된다고 생각한다. 그렇지만 불교의 사상에는 인권사상의 파편도 없는 것이다.

불교는 생로병사의 현실을 말하고, 거기에서의 해탈을 구하며, 일체가 고(苦)이고, 일체가 무상(無常)이고, 일체가 무아(無我)라고 말한다. 그러한 가르침의 어디에 인권사상이 있겠는가? 그러나 돌이켜보면, 메이지 유신의 개국과 함께 과학 기술, 정치 체제, 경제 제도 등등과 함께 인권의 사상이 구미에서 일본으로 들어왔다. 그래서 일본국은 정신면에서 '혁명'을 맞이했고, 또한 불교도 이 인권과 마주쳤다. 새로운 인권 국가에서 태어난 근대불교학도 들어왔다. 불교도 전통불교뿐만 아니라 새로운 시대를 맞이하고 있었다.

나는 생각한다. 우리 불교도는 이제부터의 시대, 인권을 누리면서, 인권이 조금도 없는 불교를 어떻게 실천할 수 있겠는가? 또 어떻게 불교를 배우고, 그것을 사람들에게 전할 것인가? 그래서 나는 석존(釋尊), 도를 이루고 얼마 되지 않은 석존에게 마음을 둔다. 그는 스승 없이 홀로 깨달았다. 그의 주변은 대부분 브라만 교도였고, 바로 최근까지 브라만 교도였던 사문들도 있었다. 그 가운데서 석존은 오직 홀로 여래(如來)의 길을 걷게 되었다. 그 고절(孤絶)은 미루어 알 수 없다. 그가 설법을 주저했다고 하지만, 주저할 정도는 아니었을 것이다. 오히려 공포였던 것은 아니었을까? 그것이 악마의 출현으로 상징되고 있는 것은 아니었을까?

나는 이 석존의 원점에서 배우지 않으면 안 된다고 생각한다. 그것을 내가 '불교의 ABC'라고 부르는 것이다. 오늘날의 이 인권사상의 넘쳐흐름 속에서 우리는 그것을 충분히 누리면서, 어떻게 인권사상과는 전혀 다른 불교를 배우고, 실천하고, 사람들에게 전할 수 있을 것인가? 우리의 현실은 석존의 고절과 같은 상황은 아닐까? 아니, 더욱 우리 쪽이 괴로운 것인지도 모른다. 너무나도 인권을 누려서, 그것에 푹 빠져 있기 때문이다.

법장에 대해서 써 보고, 나는 '일즉일체(一卽一切) 일체즉일(一切卽一)'의 장대한 법계연기는 잠시 두고, 석존 예(例)의 관용구 의미, "이것이 있으면 저것이 있고, 이것이 생기면 저것이 생긴다. 이것이 없으면 저것이 없고, 이 것이 멸하기에 저것이 멸한다."라는 연기의 원점을, '불교의 ABC'로서 더욱 마음에 새기지 않으면 안 된다고 자숙하는 바이다. 이것도 어려운 법장에 온몸으로 덤벼, 코끼리에게 들이받힌 공덕으로 감사하며, 후기로 삼는다.

이 법장의 책 집필에 인연을 맺어서 시종 격려해 주시고, 시간적으로 매우 집필이 늦어졌음에도 인내심 강하게 기다려 주신 오무로 히데아키(大室 英曉) 씨에게 마음으로 감사하며 끝맺음한다.

2010년 7월 12일 탈고

요시즈 요시히데(吉津宜英)

역자 후기

이 책에서 저자는 중국 화엄종의 제3조인 법장의 법계연기 사상의 의미를 『화엄오교장』의 상세한 해설을 통하여 추적하고 있다. 저자는 화엄종의 연기설을 『화엄경』의 사상과 지론종·섭론종·법상종 등의 교학과의 관련성 아래서 전통불교적 입장과는 다른 근대불교학의 시각에서 비판적으로 고찰하며, 화엄학파에서 법장의 위상을 문제 제기자 혹은 이단자의 입장으로 파악하고 있다. 이러한 저자의 입장은 대승불교의 정화인 심원한 화엄학을 체계화하고 선양한 것에 역할을 다한 화엄종의 대성자로 보는 전통적 입장과는* 다른 관점을 제시하는 것이다. 이러한 저자의 입장이 전통적 화엄학의 입장과는 다른 부분이 있으므로 이와 관련한 몇 가지 점을 언급하고자 한다.

법장의 주저인 『화엄오교장』은 화엄학의 체계를 확립한 화엄종의 대표적 강요서이지만, 판본에 따라서 제목(題目), 십문(十門) 배열의 순서와 문구(文句)가 서로 다른 점, 찬술 연대에 이견이 있는 점 등의 여러 문제점을 안고 있다. 저자는 나라(奈良) 시대에 일본에 전해진 화본(和本)을 정본으로 보고 있지만, 중국의 주석가들은 송나라 시대의 대표적 화엄사상가인 정원(淨源)이 종밀(宗密)의 『원각경대소초(圓覺經大疎鈔)』를 근거로 송본(宋本)의 제호(題號)인 『화엄일승교의제분장』(華嚴一乘教義分齊章)이 올바른 제목이라고 주장한 이후 정원의 권위를 인정하여 송본(宋本)을 정본으로 인정하는 경

---

* 鍵主良敬·木村清孝, 『法蔵(人物中国の仏教)』, 東京: 大蔵出版, 1991.

향이 강하다.『명장(明藏)』,『고려대장경(高麗大藏經)』과『대정신수대장경(大正新修大藏經)』등에 등재된 판본도 송본(宋本)이다.

　저자는 법장의 화엄일승(華嚴一乘)을 별교일승 우위론의 화엄 지상주의로 이해하고 있다. 지엄 이래 초기 화엄교학에서 '동교(同敎)'는 세계를 동등한 차원에서 수용하려는 포섭 원리로서 모든 교설의 '본래적 동일성'을 확보하는 가르침으로 이해해 왔다. 이러한 지엄의 동교 이해를 법장도 계승하고 있다는 입장에서『화엄오교장』의 동교를 모든 불설(佛說)을 일승으로 융회하는 기능을 수행하는 관계의 체제로서 삼승이 아닌 일승으로 이해하며, 별교일승 우위설이 동교를 실질적으로 삼승으로 취급하며 동교의 존재 이유를 찾지 못하는 문제점을 비판하는 견해도 이미 제시되어 있다. 이 입장은 '동교의 삼승화'를 비판하는 관점에서 동교를 삼승과 일승의 연결 기능에 주목하며, 일승원교는 동교와 별교가 상즉하며 동시적으로 작동하는 구조로 파악한다. 이러한 시각에서 보면, 법장의 화엄오교판을 법상유식 계열에 대한 대결 의식과 관련한 화엄종의 종파주의적 성격으로 보던 것 이외에, 모든 불설을 체계적으로 융합하려는 법장교학의 통합주의적 성격도 볼 수 있을 것이다.

　법계연기설의 실질적 체계를 확립한『화엄오교장』「의리분제(義理分齊)」는 삼성동이의(三性同異義), 연기인문육의(緣起因門六義), 십현연기무애법문의(十玄緣起無礙法門義), 육상원융의(六相圓融義)로 구성되어 있다. 저자는 삼성동이의와 연기인문육의를 유식학의 삼성설과 종자육의설을 화엄학에서 수용하여 변화시킨 내용을 중심으로 간략히 정리하고 있다. 이에 대해 삼성동이의는 유식학의 삼성설을 해체·재구성하는 화엄학 독자적 시각에

서 조명하는 관점이 제시되었고, 연기인문육의법 논의와 관련해서도 화엄
학의 논리와 관점으로 법계연기설의 이론적 체계를 해명한 연구도 이미 있
다. 십현연기무애법문의, 육상원융의와 관련해서는 『화엄이란 무엇인가』
와 같은 책을 참조하면 보다 상세한 이해가 가능할 것이다.

저자는 '무궁(無窮)'을 진실한 덕으로 보는 법장의 입장을 무한소급의 논
리적 오류라고 강하게 비판하고 있다. 이에 대해서는 불교의 기본적 교설인
'무아(無我)'와 '무상(無常)'은 실체성의 개념을 해체한다는 점, 불교의 연기
설은 실체론이 아닌 관계론으로서 인과율에서는 선형적 인과율이 아닌 상
호의존적 특성을 고려하는 상호인과율이라는 점, 『화엄경』이 제시하는 법
계의 불가사의한 양상을 고려해야 한다는 점, 화엄학 연기설의 인과동시(因
果同時)가 의미하는 점 등을 참작할 필요가 있다. 이러한 점을 고민하며 '무
궁(無窮)', '중중무진(重重無盡)' 등의 화엄학 개념에 대하여 다른 차원의 새로
운 관심으로 접근한다면, 저자와는 다른 시점도 가능할 것이다.

화엄학의 연기설은 온 우주의 총체적인 아름다움과 개개 사물의 존재
이유를 최고도로 해명해 왔다. 한편으로 학자들 일부는 사상과 정치 체계의
관계를 단순화시키며 화엄학 연기설을 전체주의 이데올로기와 연결하여
이해하기도 한다. 저자도 법장의 일즉일체(一卽一切) 이해가 일본의 국가 이
데올로기로서 대동아 공영권과 같은 사상의 출현에 기여한 측면을 비판적
으로 지적하고 있다. 이와 관련해서 화엄사상이 중앙집권의 이데올로기나
전체주의를 옹호하는 것이라는 이해는 "역사적 사실 자체에 입각한 해석
이기보다는 가설에 기초한 해석"이라는 비판이 이미 존재한다. "일(一)이
일체(一切)를 포함하며, 일(一)에는 일체(一切)가 끊임없이 내포된다."는 화

엄학의 전제를 따른다면, 일(一)과 일체(一切)의 관계를 저자와는 다르게 보며 일즉일체(一即一切)의 의미를 신해(信解)하는 것이 가능할 것이다.

이 외에도 사사무애(事事無礙), 신만성불(信滿成佛), 일심(一心), 화엄선(華嚴禪) 등의 논의에 대해서 저자와는 다른 입장이 이미 개진되어 있다. 저자의 법장에 대한 냉혹한 평가가 여러모로 마음에 걸려, 저자와는 다른 관점에서 법장의 화엄학을 이해하는 것이 가능함을 다소 장황하게 나열했다. 그럼에도 이 책은 화엄학파의 형성, 법계연기의 실상, 십현문 등에 관한 상세한 해설을 싣고 있어서, 법계연기설에 관한 마땅한 개론서가 없는 국내에 화엄학 이해의 깊이를 더하는 일에 도움이 될 수 있을 것이다. 한편으로 저자의 학자로서의 비판적 시각이 법장의 화엄학을 다양한 관점에서 해석하는 것에 하나의 참고 자료가 되었으면 한다.

참고 문헌

1. 『화엄경(華嚴經)』 관련

荒牧典俊 訳, 『십지경(十地経)』(大乗仏典8), 中央公論社, 1974.

平川彰·梶山雄一·高崎直道 編集, 『화엄사상(華厳思想)』(講座·大乗仏教31), 春秋社, 1983.

木村清孝, 『화엄경(華嚴經)』(仏教経典選5), 筑摩書房, 1986.

伊藤瑞叡, 『화엄보살도의 기초적 연구(華厳菩薩道の基礎的研究)』, 平楽寺書店, 1988.

梶山雄一 監修, 丹治昭義·津田真一·田村智淳·桂紹隆 訳, 『깨달음으로의 편력: 화엄경 입법계품(さとりへの遍歷－華厳經入法界品)』(上·下), 中央公論社, 1994.

木村清孝, 『화엄경을 읽다(華厳経を読む)』, 日本放送出版協会, 1997.

李道業, 『화엄경사상연구(華厳經思想研究)』, 永田文昌堂, 2001.

高崎直道·柏木弘雄 校註, 『불성론(佛性論)·대승기신론(大乗起信論) 신·구이역(旧·新二訳)』(新国訳大蔵経⑮ 論集部2), 大蔵出版, 2005.

大竹晋 校註, 『십지경론I(十地經論I)』(新国訳大蔵経⑭ 釈経論部16), 大蔵出版, 2005.

大竹晋 校註, 『십지경론II(十地經論II)』(新国訳大蔵経⑭ 釈経論部17), 大蔵出版, 2006.

木村清孝 校註, 『십주경 외(十住経他)』(新国訳大蔵経⑤ 華厳部41), 大蔵出版, 2007.

2. 중국 화엄학 전체 관련

川田熊太郎 監修, 中村元 編, 『화엄사상(華厳思想)』, 法蔵館, 1960.

高峯了州, 『화엄사상사(華厳思想史)』(改訂版第二刷), 百華苑, 1963.

高峯了州, 『화엄공목장 해설(華厳孔目章解説)』, 南都佛教研究会, 1964.

石井教道, 『화엄교학 성립사(華厳教学成立史)』, 石井教道博士遺稿刊行会, 1964.

鎌田茂雄, 『중국화엄사상사의 연구(中国華厳思想史の研究)』, 東京大学出版会, 1965.

鎌田茂雄, 『중국불교사상사연구(中国仏教思想史研究)』, 春秋社, 1968.

高峯了州,『화엄 논집(華厳論集)』, 国書刊行会, 1976.

木村清孝,『초기 중국화엄사상사의 연구(初期中国華厳思想の研究)』, 春秋社, 1977.

木村清孝,『중국불교사상사(中国仏教思想史)』, 世界聖典刊行協会, 1979.

坂本幸男,『제2 대승불교의 연구(第二大乗仏教の研究)』(坂本幸男論文集刊行会編
　　集『坂本幸男論文集』全三冊), 大東出版社, 1980-81.

吉津宜英,『화엄선의 사상사적 연구(華厳禅の思想史的研究)』, 大東出版社, 1985.

木村清孝,『중국화엄사상사(中国華厳思想史)』, 平楽寺書店, 1992.

陳永裕,『화엄관법의 기초적 연구(華厳観法の基礎的研究)』, 民昌文化社, 1995.

鎌田茂雄・上山春平,『무한의 세계관: 화엄(無限の世界観<華厳>)』, 角川文庫, 1996.

石井公成,『화엄사상의 연구(華厳思想の研究)』, 春秋社, 1996.

鎌田茂雄博士古稀記念会編,『화엄학 논집(華厳学論集)』, 大蔵出版, 1997.

結城令聞,『화엄사상(華厳思想)』(結城令聞著作選集第二巻), 春秋社, 1999.

木村宣彰,『중국불교사상사 연구(中国仏教思想研究)』, 法蔵館, 2009.

金剛大学校仏教文化研究所編,『지론사상의 형성과 변용(地論思想の形成と変容)』,
　　国書刊行会, 2010.

3. 법장의 저작과 전기 관련

湯次了策,『화엄오교장 강의(華厳五教章講義)』(復刻版), 百華苑, 1975.

鎌田茂雄,『화엄오교장(華厳五教章)』(佛典講座 28), 大蔵出版, 1979.

小林圓照・木村清孝 訳『화엄오교장・원인론(華厳五教章・原人論)』(大乗仏典中国・
　　日本篇7), 中央公論社, 1989.

鎌田茂雄,「현수대사 법장과 법문사(賢首大師法蔵と法門寺)」,(『印度学仏教学研
　　究』第三八巻第一号), 日本印度学仏教学会, 1989.

鍵主良敬・木村清孝,『법장(法蔵)』, 大蔵出版, 1991.

吉津宜英,『화엄일승사상의 연구(華厳一乗思想の研究)』, 大東出版社, 1991.

石井公成,「측천무후 '대승입능가경서'와 법장『입능가심현의』-선종과의 관
　　계에 유의해서(則天武后「大乗入楞伽経序」と法蔵『入楞伽心玄義』-禅宗との関係
　　に留意して」(『駒津大学禅研究所所報』第一三・一四号), 駒澤大学禅研究所, 2002.

竹村牧男,『『화엄오교장』을 읽다(『華厳五教章』を読む)』, 春秋社, 2009.

4. 법장의 사상 관련

鈴木宗忠,『원시 화엄철학의 연구(原始華厳哲学の研究)』, 大東出版社, 1934.

坂本幸男,『화엄교학의 연구(華厳教学の研究)』, 平楽寺書店, 1956.

鍵主良敏,『화엄교학 서설(華厳教学序説) - 진여와 진리의 연구(真如と真理の研究)』, 文栄堂, 1968.

湯次了柴『화엄대계(華厳大系)』(一九二七年刊の増訂版の復刻版), 国書刊行会, 1975.

大竹晋,『유식설을 중심으로 한 초기 화엄교학의 연구 - 지엄·의상에서 법장으로(唯識説を中心とした初期華厳教学の研究-智儼·義湘から法蔵へ)』, 大蔵出版, 2007.

5. 법장교학의 후대의 전개 관련

高峯了州,『화엄과 선의 통로(華厳と禅との通路)』, 南都併教研究会, 1956.

荒木見悟,『불교와 유교(仏教と儒教) - 중국사상을 형성하는 것(中国思想を形成するもの)』, 平楽寺書店, 1963.

鎌田茂雄,『선원제전집도서(禅源諸詮集都序)』(禅の語録9), 筑摩書房, 1873.

鎌田茂雄,『원인론(原人論)』, 明徳出版社, 1973.

金知見·察印幻編『신라불교 연구(新羅佛教研究)』, 山喜房佛書林, 1973.

鎌田茂雄,『종밀교학의 사상사적 연구(宗密教学の思想史的研究)』(『中国華厳思想史の研究第二』), 東京大学出版会, 1975.

金知見編著,『균여대사화엄학 전서(均如大師華厳学全書)』(全三冊), 後楽出版, 1977.

堀池春峰,「화엄경 강설에서 본 료벤과 심상(華厳経講説より見た良弁と審詳)」(『南都仏教史の研究(上) - 東大寺篇』, 法蔵館, 1980.

鎌田茂雄,『화엄학 연구자료 집성(華厳学研究資料集成)』, 東京大学東洋文化研究所, 1983.

鎌田茂雄,「석화엄교분기원통초의 주석적 연구 3-1(釈華厳教分記円通紗の注釈的研究三一一)」(『東洋文化研究所紀要」 通巻第九四号), 東京大学東洋文化研究

所編, 1948.

小島岱山 編,『신화엄경론 자료 집성[이통현 저](新華厳経論資料集成[李通玄著]』,
　　華厳学研究所, 1992.

李恵英,『혜원 찬『속화엄략소간정기』의 기초적 연구(慧苑撰『続華嚴略疏刊定記』
　　の基礎的研究)』, 同朋舍, 2000.

中村薫,『중국화엄정토사상의 연구(中国華厳浄土思想の研究)』, 法蔵館, 2001.

崔鈆植,「『대승기신론동이략집』의 저자에 대하여(『大乗起信論同異略集』の著
　　者について)」(『駒津短期大学仏教論集』第七号), 駒澤短期大学仏教科研究室発
　　行, 2001.

木村清孝博士還暦記念会 編,『기무라 키요타카 박사 환갑 기념 논집: 동아시아불
　　교－그 성립과 전개(木村清孝博士還暦記念論集 東アジア仏教－その成立と
　　展開)』, 春秋社, 2002.

金勲,『원효불학 사상 연구(元暁佛学思想研究)』, 大阪経済法科大学アジア研究所,
　　2002.

福士慈稔,『신라 원효 연구(新羅元暁研究)』, 大東出版社, 2004.

張文良,『징관화엄사상의 연구: 마음의 문제를 중심으로(澄観華厳思想の研究－
　　「心」の問題を中心に)』, 山喜房佛書林, 2006.

小林圓照,『원인론을 읽다: 인간성의 진실을 찾아서(原人論を読む－人間性の真
　　実を求めて)』, ノンブル社, 2007.

石井公成,「교토학파의 철학과 일본불교－고야마 이와오의 경우(京都学派の哲
　　学と日本仏教）－高山岩男の場合」(季刊『仏教』第四九号), 法蔵館, 2000.

石井公成,「대동아 공영권의 합리화와 화엄철학 (1)－기히라 다다요시의 역할
　　을 중심으로」(大東亜共栄圏の合理化と華厳哲学(一)－紀平正美の役割を中心
　　として)」(仏教思想学会 編『仏教学』第四二号), 2000.

石井公成,「대동아 공영권에 이른 화엄철학－가메야 세이케이의『화엄경』선
　　양(大東亜共栄圏に至る華厳哲学－亀谷聖馨の「華厳経」宣揚)」(『思想』第九四三
　　号), 岩波書店, 2002.

6. 기타

高崎直道,『여래장사상의 형성: 인도 대승불교 사상 연구(如来蔵思想の形成－インド大乗仏教思想研究)』, 春秋社, 1974.

平井俊榮,『중국반야사상사의 연구: 길장과 삼론학파(中国般若思想史の研究－吉蔵と三論学派)』, 春秋社, 1976.

中村元 訳,『붓다의 마지막 여행－대반열반경(ブッダ最後の旅－大パリニッバーナ経)』, 岩波文庫, 1980.

柏木弘雄,『대승기신론의 연구: 대승기신론의 성립에 관한 자료론적 연구(大乗起信論の研究－大乗起信論の成立に関する資料論的研究)』, 春秋社, 1982.

梶山雄一・桜部建・早島鏡正・藤田宏達 編,『붓다의 생애(ブッダの生涯)』(原始仏典第一巻), 講談社, 1985.

最澄,『대당신라제종의장의원천태의집(大唐新羅諸宗義匠依猿天台義集)』(比叡山専修院附属叡山学院 編纂『伝教大師全集』巻三), 世界聖典刊行協会, 1989.

鈴木格禅・東隆真・河村孝道・石川力山・伊藤秀憲 校註,『도겐선사 전집(道元禅師全集)』(第七巻), 春秋社, 1990.

저자 및 역자 소개

저자 요시즈 요시히데(吉津宜英)

1943년 히로시마현(広島県)에서 태어났다. 고마자와대학(駒澤大學) 대학원 인문과학연구과 불교학 전공 박사과정을 수료했다. 전공은 화엄학과 동아시아 불교사상이다. 고마자와대학 불교학부 교수, 고마자와대학 불교경제연구소 소장을 역임했다. 단독 저서로『화엄선(華嚴禪)의 사상사적 연구』, 『연(緣)의 사회학』, 『화엄일승사상(華嚴一乘思想)의 연구』, 『쉬운 불교』, 『수증의(修証義)에 의한 불교입문』, 『반야심경(般若心經): 중도와 기도』 등이 있으며, 공동 저서로『아비달마구사론 색인(阿毘達磨俱舍論索引) I · II · III』, 『현대와 불교: 지금, 불교가 묻는 것, 물음 받는 것』 등이 있다.

역자 조배균(趙培鈞)

성균관대학교를 졸업하고 전남대학교 대학원에서 철학박사 학위를 받았다. 현재 전남대학교 인문대학 철학과 BK21 FOUR 학술연구교수로, 화엄사상을 중심으로 불교철학을 공부하고 있다. 『동아시아불교』, 『인물로 보는 중국철학사』 등의 공동 저서를 펴냈으며, 역서로는『화엄이란 무엇인가』가 있다. 논문으로는 「『화엄오교장』「삼성동이의」에서 법장의 구상」(『범한철학』 69집, 2013), 「십중유식설로 보는 법장의 포월논리」(『불교학연구』 38호, 2014), 「『화엄오교장』「심식차별」 논의에 대하여」(『동아시아불교문화』 19집, 2014), 「법장 연기인문육의법의 화엄학적 해명」(『동아시아불교문화』 32집, 2017), 「『화엄일승교의분제장』에 나타난 포월적 종성론」(『동아시아불교문화』 46집, 2021)' 등이 있다.

하나가 그대로 모든 것이다

법장의 법계연기 사상

초 판 인 쇄 2021년 12월 15일
초 판 발 행 2021년 12월 20일

저   자 요시즈 요시히데(吉津宜英)
역   자 조배균
펴 낸 이 김성배
펴 낸 곳 도서출판 씨아이알

책 임 편 집 이진덕
디 자 인 윤현경, 윤미경
제 작 책 임 김문갑

등 록 번 호 제2-3285호
등 록 일 2001년 3월 19일
주   소 (04626) 서울특별시 중구 필동로8길 43(예장동 1-151)
전 화 번 호 02-2275-8603(대표)
팩 스 번 호 02-2265-9394
홈 페 이 지 www.circom.co.kr

I S B N 979-11-6856-000-0 93220
정   가 16,000원